釜慶 にほんご

장상언 · 손동주 공저

형설출판사
www.hyungseul.co.kr

머리말

10여년 전에 출판된 “부경 일본어교본”은 지금의 사정과 맞지 않는 표현이나 예문도 있어서 자주 학습자들에게 지적받곤 하였는데, 이번에 이러한 부분을 비롯하여 다이얼로그와 연습문제 등에 다소의 수정을 가해 「釜慶にほんご」라는 이름으로 새로이 출판하게 되었다. 물론 큰 틀은 바뀌지 않았지만 좀 더 자연스럽고 친숙한 표현으로 바뀌었다. 지난번 출판 때에도 시간이 촉박하여 많은 부분에 잘못이 있었고, 이번에도 역시 시간이 많이 모자랐다는 느낌이 들지만, 오류를 줄이려는 노력은 나름대로 하였다. 아무쪼록 이 교재가 일본어 학습자에게 좋은 안내자가 되었으면 하는 바람이다.

본 「釜慶にほんご」는, 다이얼로그와 그에 대한 해설, 연습, 자습문제로 구성되어 있다. 다이얼로그는 자연스런 생활대화로 이루어져 있고, 거기에 사용된 각 표현과 문형에 대해 예를 들면서 해설을 해 두었다. 자연스런 대화문 형식을 띤 까닭에 하나의 문형이 반복적으로 나타나지 않는 경우가 있는데, 이것을 보완하는 것이 연습과 자습문제이다. 충분한 분량을 준비했으므로 일본어의 표현과 문형을 익히는 데 도움이 되리라 생각한다.

현대의 일본어에는 한자와 함께 외래어의 사용이 늘어나고 있는 추세이다. 이를 감안하여 학습자의 부담이 다소 될 수도 있겠으나, 그 부담을 생각하면서도 한자와 가타카나를 넣지 않을 수 없었다. 이 두 요소를 빼고는 일본어를 학습할 수 없기 때문이다. 주의할 점은, **도입단계에서 가타카나를 무리하게 외우려 하지 말아야 한다**는 것과 **어려운 한자를 무작정 쓰려고 하지 말아야 한다**는 점이다. 가타카나로 표기된 외래어가 한국어의 외래어 발음과 어떻게 다른가를 느낄 수 있으면 그것으로 충분하고, 한자도 읽으면서 친숙해지는 것이 중요하다. 이 점에 유의한다면 이 교재가 다른 교재에 비해 특별히 어려운 것은 아니다.

외국어 학습에서 중요한 것은 꾸준히 학습하는 것이다. 일본의 속담 중에 「石(いし)の上(うえ)にも3年(さんねん)」(무슨 일이든 적어도 3년은 꾸준히 하여야 한다)이라는 말이 있고, 한국 속담에는 「서당개 3년에 풍월 읊는다」는 말이 있듯이, 꾸준히 학습해 가는 사이에 일본어가 익혀지리라 믿는다. 학습자 여러분의 끈기 있는 노력을 기대한다.

본문 속의 일러스트와 교정을 도와 준 장예진 양에게 고마움을 표한다.

필자 일동

일본어의 문자와 발음

1. 히라가나(ひらがな)

	あ行	か行	さ行	た行	な行	は行	ま行	や行	ら行	わ行
あ段	あ	か	さ	た	な	は	ま	や	ら	わ
	a	ka	sa	ta	na	ha	ma	ya	ra	wa
い段	い	き	し	ち	に	ひ	み		り	
	i	ki	shi	chi	ni	hi	mi		ri	
う段	う	く	す	つ	ぬ	ふ	む	ゆ	る	
	u	ku	su	tsu	nu	hu	mu	yu	ru	
え段	え	け	せ	て	ね	へ	め		れ	
	e	ke	se	te	ne	he	me		re	
お段	お	こ	そ	と	の	ほ	も	よ	ろ	を
	o	ko	so	to	no	ho	mo	yo	ro	o

ん
ng

이것을 ひらがな의 五十音図라고 한다. 5개의 段(あ、い、う、え、お)과 10개의 行(あ、か、さ、た、な、は、ま、や、ら、わ)으로 이루어져 있다.

は는 '~은/는'이라는 조사로 쓰일 때 [wa]로 발음한다.

へ는 '~에(방향)'라는 조사로 쓰일 때 [e]로 발음한다.

を는 '~을/를'이라는 조사로만 쓰인다.

が	ざ	だ	ば	ぱ
ga	za	da	ba	pa
ぎ	じ	ぢ	び	ぴ
gi	ji	ji	bi	pi
ぐ	ず	づ	ぶ	ぷ
gu	zu	zu	bu	pu
げ	ぜ	で	べ	ぺ
ge	ze	de	be	pe
ご	ぞ	ど	ぼ	ぽ
go	zo	do	bo	po

ひらがな문자의 오른쪽 어깨에 ゛ 점이 있는 것은 흐린 소리(濁音)라고 하고, 오른쪽 어깨에 ゜ 점이 있는 것은 반흐린 소리(半濁音)라 한다. 이에 반해 위의 五十音図에 있는 소리는 맑은 소리(清音)라고 한다.

흐린 소리는 が、ざ、だ、ば행에만 있고, 반흐린 소리는 ぱ행에만 있다.

だ행 중에서 ぢ와 づ는 요즘은 거의 쓰이지 않는다.

2. 가타카나(カタカナ)

	ア行	カ行	サ行	タ行	ナ行	ハ行	マ行	ヤ行	ラ行	ワ行
ア段	ア	カ	サ	タ	ナ	ハ	マ	ヤ	ラ	ワ
	a	ka	sa	ta	na	ha	ma	ya	ra	wa
イ段	イ	キ	シ	チ	ニ	ヒ	ミ		リ	
	i	ki	shi	chi	ni	hi	mi		ri	
ウ段	ウ	ク	ス	ツ	ヌ	フ	ム	ユ	ル	
	u	ku	su	tsu	nu	hu	mu	yu	ru	
エ段	エ	ケ	セ	テ	ネ	ヘ	メ		レ	
	e	ke	se	te	ne	he	me		re	
オ段	オ	コ	ソ	ト	ノ	ホ	モ	ヨ	ロ	ヲ
	o	ko	so	to	no	ho	mo	yo	ro	o
										ン
										ng

이것을 カタカナ의 五十音図라고 한다. 5개의 段(ア、イ、ウ、エ、オ)과 10개의 行(ア、カ、サ、タ、ナ、ハ、マ、ヤ、ラ、ワ)으로 이루어져 있다.

カタカナ는 주로 외래어 표기에 쓰이고 있다. 요즈음은 외래어가 일상생활에서 많이 쓰이고 있으므로 カタカナ표기가 많아지고 있다.

ガ	ザ	ダ	バ	パ
ga	za	da	ba	pa
ギ	ジ	ヂ	ビ	ピ
gi	ji	ji	bi	pi
グ	ズ	ヅ	ブ	プ
gu	zu	zu	bu	pu
ゲ	ゼ	デ	ベ	ペ
ge	ze	de	be	pe
ゴ	ゾ	ド	ボ	ポ
go	zo	do	bo	po

カタカナ문자의 오른쪽 어깨에 ゛ 점이 있는 것은 흐린 소리(濁音)라고 하고, 오른쪽 어깨에 ゜ 점이 있는 것은 반흐린 소리(半濁音)라 한다. 이에 반해 위의 五十音図에 있는 소리는 맑은 소리(清音)라고 한다.

흐린 소리는 ガ、ザ、ダ、バ행에만 있고, 반흐린 소리는 パ행에만 있다.

ダ행 중에서 ヂ와 ヅ는 요즘은 거의 쓰이지 않는다.

3. 문자와 발음 – ようおん（拗音）

きゃ	しゃ	ちゃ	にゃ	ひゃ	みゃ	りゃ
kya	sha	cha	nya	hya	mya	rya
きゅ	しゅ	ちゅ	にゅ	ひゅ	みゅ	りゅ
kyu	shu	chu	nyu	hyu	myu	ryu
きょ	しょ	ちょ	にょ	ひょ	みょ	りょ
kyo	sho	cho	nyo	hyo	myo	ryo

위의 표에 나타낸 글자를 ようおん（拗音）이라고 한다. 이것은 い段（き、し、ち、に、ひ、み、り）의 글자에 や、ゆ、よ를 작게 붙여 써서 표기한 것으로, 1음절의 소리를 낸다. 즉, きや는 [ki·ya]로 2음절이지만, きゃ는 [kya]로 1음절이다.

표에는 나타내지 않았지만, い段의 흐린 소리와 반흐린 소리（ぎ、じ、ぢ、び、ぴ）에도 마찬가지로 や、ゆ、よ를 작게 붙여 써서 1음절의 소리를 낸다. じや는 [ji·ya] 2음절이지만, じゃ는 [ja] 1음절이다.

カタカナ의 ようおん（拗音）

キャ	シャ	チャ	ニャ	ヒャ	ミャ	リャ
kya	sha	cha	nya	hya	mya	rya
キュ	シュ	チュ	ニュ	ヒュ	ミュ	リュ
kyu	shu	chu	nyu	hyu	myu	ryu
キョ	ショ	チョ	ニョ	ヒョ	ミョ	リョ
kyo	sho	cho	nyo	hyo	myo	ryo

4. 일본인의 문자생활

일본인이 쓰는 언어는 물론 일본어이지만, 그들이 언어생활에서 쓰는 문자에는 여러가지가 있다. 위에 설명한 ひらがな와 カタカナ는 일본 고유의 문자다. 여기에 없어서는 않되는 것이 한자이고, 또한 현대에는 로마자의 사용도 상당히 늘어나고 있는 추세이다.

5. 일본어의 발음상 주의점

1) 맑은 소리와 흐린 소리의 구별

한국어는 소리를 구별할 때 숨소리(呼気)가 이용된다. [ta]를 발음할 때, 숨소리가 많이 동반되면 '타', 조금 동반되면 '다', 거의 숨소리가 동반되지 않으면 '따'로 구별된다. 그러므로 한국어는 숨소리의 유무에 따라 有気音과 無気音으로 나뉜다.

이에 반해 일본어는, 소리를 구별할 때 숨소리는 이용되지 않는다. 그 대신 성대의 진동을 이용한다. [ta]를 발음할 때, 성대의 진동이 없는 경우는 'た', 성대의 진동이 있으면 'だ'로 발음된다. 이것이 곧 맑은 소리와 흐린 소리의 구별이다. 따라서 일본어는 성대의 진동이 있는 有声音과 성대의 진동이 없는 無声音으로 나뉜다.

한국어와 일본어의 이러한 차이로 인해 서로 상대방의 언어를 발음하는 데에 어려움이 있는 것이다. 특히 한국어에서 말의 첫 머리에 오는 자음은 파열되는 경향이 있으므로 주의를 해야 한다. 한국인의 경우, 일본어의 흐린소리 (が、だ등)가 어두에 오면 약하게 발음하더라도 か、た등으로 발음된다. 따라서 이러한 경우에는 한국어의 유성음화 현상을 이용하여 발음 연습을 해야 한다. 유성음화 현상이란, 무성자음이 유성음(모든 모음과 ㄴ, ㅁ, ㅇ, ㄹ)과 유성음 사이에 놓이면 유성음으로 변하는 현상이다. 가령, 두성자음 ㄱ이 어두에 오면 파열되면서 [k]음이 되지만, 유성음화 하면 [g]음이 된다. '김가'라는 발음은 [kim·ga]로 실현된다. 첫 번째 ㄱ은 어두이므로 파열되어 [k]로, 두 번째 ㄱ은 유성음 ㅁ과 모음 ㅏ 사이에 놓이므로 유성화 하여 [g]가 된다. 따라서 어두에 오는 일본어의 흐린소리 が는 그냥 '가'로 발음해서는 안되며, 그 앞에 인위적으로 '응'같은 유성음을 만든 다음 '가' 발음을 한다. 단, 실제로 '응'소리가 나면 안되므로, 몇 차례 연습을 한 다음에는 소리를 내지않고 유성음화 할수 있는 준비가 된 상태에서 발음할 수 있도록 훈련을 한다.

반대로, 어두가 아닌 중간에 오는 일본어의 맑은 소리가 유성화 하지 않도록 주의한다.

2) そくおん (促音)

일본어의 っ를 작게 써서 뒤에 오는 자음을 긴장음으로 만드는 소리이다. 일반적으로 뒤따르는 자음이 한번 더 실현되는 것으로 설명되지만, 한국어의 사이시옷(ㅅ)으로 생각하면 된다. 이것은 한국어와 달리 한음절의 길이로 발음된다는 데 주의한다.

いっぱい [ippai] → い + ㅅ + ぱい

いったい [ittai] → い + ㅅ + たい

いっかい [ikkai] → い + ㅅ + かい

3) はつおん (撥音)

일본어의 ん소리는 뒤에 오는 소리에 따라 [m, n, ng]등으로 발음되지만, [ng]를 대표음으로 생각하기 바란다. 특히 주의할 것은 뒤에 모음이 올 때 연음이 되지 않도록 하고 (あ行、や行 앞에서는 혀의 안쪽 부분이 입 천장에 붙지 않도록 한다), 또한 ら行이 올 때도 소리가 변하지 않도록 주의한다. 가령 한국어에서는 '선을'을 '서늘'로 발음하거나, '광안리'를 '광안니, 광알리'로 발음하는 현상이 있다. 그러나 일본어는 이렇게 연음되거나 자음접변이 일어나지 않는다. 이 ん소리도 한 음절의 길이로 발음된다.

さんま [sa·m·ma]　　さんねん [sa·n·neng]

ほんを [ho·ng·o] ----- [hono](×)　　[honno](×)

せんり [se·n·ri] ----- [senni] (×)　　[selli] (×)

4) 장음과 단음의 구별

한국어의 몇몇 어휘는 장음이냐 단음이냐에 따라 뜻을 구별하지만, 일반적으로 소리의 장단이 뜻을 구별하지는 않는다. 그러나 일본어는 장음이냐 단음이냐에 따라 뜻이 달라지므로 주의를 해야 한다.

あ段	＋	あ	→	あ段의 장음으로 발음	おばあさん	[oba-sang]
い段	＋	い	→	い段의 장음으로 발음	おじいさん	[oji-sang]
う段	＋	う	→	う段의 장음으로 발음	くうき	[ku-ki]
え段	＋	え、い	→	え段의 장음으로 발음	おねえさん	[one-sang]
お段	＋	お、う	→	お段의 장음으로 발음	おとうさん	[oto-sang]

가령 おばあさん [oba-sang](할머니)을 [obasang]으로 발음하면 '아주머니'란 뜻이 되어 버린다.

5) ざ、ず、ぜ、ぞ의 발음과 じゃ、じゅ、じょ의 발음, 그리고 つ의 발음

ざ、ず、ぜ、ぞ는 혀의 위치가 윗잇몸에 붙어서 내는 소리이다.

じゃ、じゅ、じょ는 혀의 위치가 경구개(딱딱한 입 천장)에 붙어서 나는 소리이다.

つ는 ず와 마찬가지로 혀의 위치가 윗잇몸에 붙어서 내는 소리이지만, ず가 유성음인 반면 つ는 무성음이다.

※※ 이 책의 표기 등에 관한 참고 사항

1. 表記

N	:	명사
V	:	동사의 기본형
V-	:	동사의 활용 어간
Adj	:	イ형용사의 기본형
Adj-	:	イ형용사의 활용 어간
NA	:	ナ형용사
S	:	술어부의 평상체
S-	:	술어부의 활용 어간

2. 대화형 예문은「A:　B:」로 표기했다.
   「a.　b.」로 표기된 예문은 대비 예문이다.
3. 自習問題는 각각 練習과 대응된다. 따라서 練習의 표 등을 참조할 경우도 있다.
4. 다음 인터넷 주소의 홈페이지를 통해 본 교재의 다이얼로그 등에 나오는 표현을 오디오파일로 들을 수 있고, 또한 문자 쓰기 등의 자료를 볼 수 있다.
   http://sora.pknu.ac.kr/

차 례

1 はじめまして　私は田中です

初対面

カン	はじめまして。カンです。 よろしく　お願(ねが)いします。
田中(たなか)	はじめまして。私は　田中です。 どうぞ　よろしく。カンさんは　新入生ですか。
カン	はい、1年生(いちねんせい)です。田中さんは。
田中	あ、私は　2(に)年生です。
カン	ところで　田中さん、教室は　どこですか。
田中	教室は　2階(かい)です。事務室の　となりです。
カン	そうですか。どうも。

初対面(しょたいめん)	첫 대면
私(わたし)	나, 저
新入生(しんにゅうせい)	신입생
ところで	그런데(화제전환)
教室(きょうしつ)	교실
事務室(じむしつ)	사무실
となり	옆, 이웃
そうですか	그렇습니까

참고

일본어를 글로 쓸 때는 묻는 말에도 「?」를 쓰지 않는 것이 일반적이다.

마침표는 「.」 보다는 「。」로 쓰는 것이 일반적이다. 쉼표는 「,」 보다는 보통 「、」로 쓴다.

必修表現

1　はじめまして。よろしく　お願いします。

처음 만나는 사이에 이루어지는 인사 패턴이다.

はじめまして。　　처음 만난다는 뜻(처음 뵙겠습니다)

どうぞ　よろしく　お願(ねが)いします。부디 잘 부탁드립니다.(이 3단어를 모두 쓰면 가장 정중하지만, 간단하게, 「どうぞ　よろしく」 또는 「よろしく　お願いします」라고 하기도 한다)

이에 대한 상투적인 대답은 「こちらこそ」'저야말로, 이쪽이야말로' 라고 하고 위 인사를 덧붙인다. こちらこそ　よろしく　お願いします。

2　どうも

가볍게 고마움을 나타낼 때 사용한다.

3　「～階」「～年生」

数字		階	年生
1	いち	いっかい	いちねんせい
2	に	にかい	にねんせい
3	さん	さんかい	さんねんせい
4	よん・し	よんかい	よねんせい
5	ご	ごかい	ごねんせい
6	ろく	ろっかい	ろくねんせい
7	なな・しち	ななかい	
8	はち	はっかい	
9	きゅう・く	きゅうかい	
10	じゅう	じゅっかい	
?		なんかい	なんねんせい

基本文型

1 N1 は N2 です

[N1 은/는 N2 입니다]

「は」는 한국어의 '은/는'에 해당하는 조사로, [wa]로 발음한다.

トイレは 1階です。 화장실은 1층입니다.

キムさんは 大学生(だいがくせい)です。 김**씨는 대학생입니다.

2 N は どこですか

[N 은/는 어디입니까?]

'~은/는 어디에 있습니까?'가 한국어로서는 더 자연스런 경우가 많다.

トイレは どこですか。 화장실은 어디입니까?

キムさんは どこですか。 김**씨는 어디입니까?

3 N1 の N2

[N1 (의) N2]

「の」는 명사와 명사를 연결하는 조사로, 한국어의 '의'에 해당한다. 주의할 것은, 명사와 명사를 연결할 때 한국어에서는 '의'가 흔히 생략되지만, 일본어는 생략되지 않는다는 것이다.

1) 소유격 조사

先生(せんせい)の たばこです。 선생님 담배입니다.

2) 명사와 명사를 연결시켜주는 역할을 한다.

じしょは かばんの なかです。 사전은 가방 안에 있습니다.

トイレは 教室(きょうしつ)の となりです。 화장실은 교실 옆입니다.

練習

1． N1 は N2 です。

例） トイレ、 8階 → トイレは 8階です。

① キムさん、学生(がくせい)
② パクさん、3年生
③ イさん、会社員(かいしゃいん)
④ 橋本(はしもと)さん、1年生
⑤ 教室、2階
⑥ ネクタイ、7階
⑦ とけい、6階
⑧ テレビ、5階
⑨ 家(いえ)、釜山(ぷさん)
⑩ ホンさん、図書館(としょかん)

2． N1 の N2 です。

例） A： デパートは どこですか。
B： ① 銀行(ぎんこう)の むかいです。
② コンビニの となりです。本屋(ほんや)の となりです。

① 郵便局(ゆうびんきょく)は どこですか。
② 本屋は どこですか。
③ コンビニは どこですか。
④ 銀行は どこですか。
⑤ 居酒屋(いざかや)は どこですか。

3． N は　どこですか。

例）　CD
　　→　A：　CD は　どこですか。
　　　　B：　CD は　2階です。

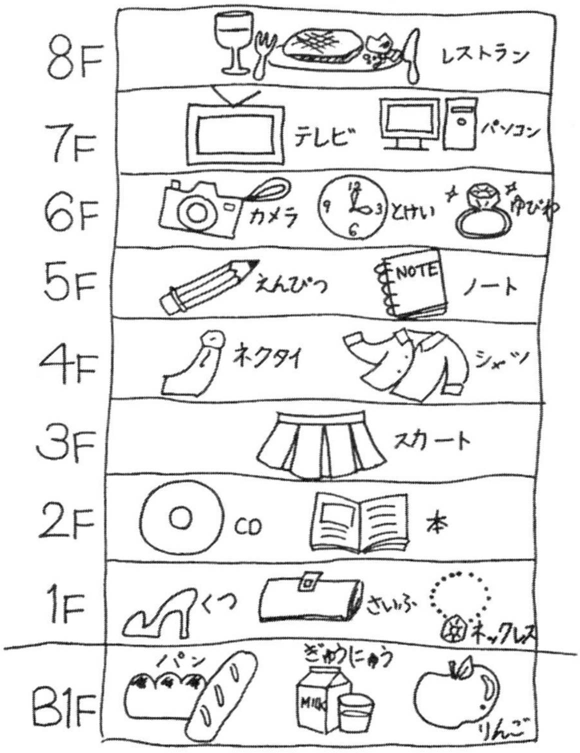

① 本
② くつ
③ パソコン
④ カメラ
⑤ スカート
⑥ ノート
⑦ レストラン
⑧ りんご
⑨ シャツ
⑩ さいふ

※ 地下（ちか）

自習問題

1. N1 は N2 です。

① キムさん、会社員 (　　　　　　　　)

② 田中さん、2年生 (　　　　　　　　)

③ さいふ、4階 (　　　　　　　　)

④ 学校(がっこう)、ソウル (　　　　　　　　)

⑤ パクさん、食堂(しょくどう) (　　　　　　　　)

2. N は 〜階です。(5p 参照)

① カメラは どこですか。 (　　　　　　　　)

② えんぴつは どこですか。 (　　　　　　　　)

③ CD は どこですか。 (　　　　　　　　)

④ パンは どこですか。 (　　　　　　　　)

⑤ テレビは どこですか。 (　　　　　　　　)

3. N1 の N2 です。(4p 参照)

① 銀行は どこですか。 (　　　　　　　　)

② コンビニは どこですか。 (　　　　　　　　)

③ 居酒屋は どこですか。 (　　　　　　　　)

④ 郵便局は どこですか。 (　　　　　　　　)

⑤ デパートは どこですか。 (　　　　　　　　)

2 何時ですか

クレヨンしんちゃん

カン	田中さん、「クレヨンしんちゃん」って　しって いますか。
田中	ええ、しっています。おもしろいですよ。
カン	何時(なんじ)からですか。
田中	木曜日(もくようび)の　6時から　6時半までです。
カン	あ、きょうですね。いま　何時ですか。
田中	5時半です。
カン	もう　5時半ですか。よみうりテレビですか。
田中	いいえ、よみうりテレビでは　ありません。朝日放送です。

え/ええ	예, 네
おもしろい	재미있다
半(はん)	반(매시 30분)
きょう	오늘
いま	지금
もう	벌써, 이미

よみうりテレビ	요미우리 TV(방송국)
いいえ	아니요
朝日放送(あさひほうそう)	아사히방송(방송국)

必修表現

1　～って　しっていますか

'~을/를 압니까? 알고 있습니까?'의 표현이다. 이 질문에 대한 대답은 다음과 같이 한다.

1. 알고 있을 때 : はい、しっています。
2. 모를 때 : いいえ、しりません。

2　～よ

이야기 상대는 모를 것이라고 전제하고 어떤 사실/일에 대해 말할 때, 또는 자신의 의견이나 판단을 제시할 때 사용되는 표현이다.

キムさんは　図書館ですよ。　김**씨는 도서관에 있습니다.

3　「時間」

時（じ）	
1	いちじ
2	にじ
3	さんじ
4	よじ
5	ごじ
6	ろくじ
7	しちじ
8	はちじ
9	くじ
10	じゅうじ
11	じゅういちじ
12	じゅうにじ
?	なんじ
a.m.	ごぜん
p.m.	ごご

分（ふん）	
1	いっぷん
2	にふん
3	さんぷん
4	よんぷん
5	ごふん
6	ろっぷん
7	ななふん
8	はっぷん
9	きゅうふん
10	じゅっぷん
11	じゅういっぷん
12	じゅうにふん
15	じゅうごふん
20	にじゅっぷん
30	さんじゅっぷん
40	よんじゅっぷん
50	ごじゅっぷん
?	なんぷん

4 「曜日」

月曜日	げつようび	金曜日	きんようび
火曜日	かようび	土曜日	どようび
水曜日	すいようび	日曜日	にちようび
木曜日	もくようび	何曜日	なにようび なんようび

基本文型

1　N1 は　N2 では（／じゃ）ありません

[N1 은/는 N2 이/가 아닙니다]

명사문의 부정표현이다. 「では」를 회화체에서는「じゃ」로도 많이 쓴다. 「では」는 [dewa]로 발음한다.

キムさんは　先生では　ありません。　김**씨는 선생님이 아닙니다.

これは　私の　本じゃ　ありません。　이것은 내 책이 아닙니다.

2　（N は）何時ですか

[（ N 은/는 ）몇 시입니까?]

시간을 묻는 표현이다. '몇 시부터입니까?'란 의미로도 쓰인다.

授業(じゅぎょう)は　何時ですか。　수업은 몇시입니까?

3　N は　何時から（／まで）ですか

[N 은/는 몇 시부터(/까지)입니까?]

시작시간 또는 끝시간을 묻는 표현이다.

授業は　何時からですか。　수업은 몇 시부터입니까?

テストは　何時までですか。　시험은 몇 시까지입니까?

(付記)「～から　～まで」는 시간 외에도 지리적 거리의 시작점과 끝을 나타내기도 한다.

釜山から　ソウルまで　부산에서 서울까지

練習

1． N1 は　N2 では（／じゃ）ありません。

例）キムさんは　学生です。
　→キムさんは　学生じゃ　ありません。

① パクさんは　会社員です。
② イさんは　3年生です。
③ きょうは　月曜日です。
④ テストは　木曜日です。
⑤ 宿題（しゅくだい）は　きょうまでです。
⑥ シャツは　4階です。
⑦ 会議（かいぎ）は　火曜日です。
⑧ 授業は　1時からです。
⑨ 銀行は　5時までです。
⑩ トイレは　2階です。

2． N は　何時から（／まで）ですか。

例）A：　すみません。郵便局は　何時からですか。
　　B：　午前（ごぜん）　9時からです。
　　A：　何時までですか。
　　B：　午後（ごご）　5時までです。

銀行	a.m.9:00-p.m.5:00	居酒屋	p.m.3:00-a.m.2:00
食堂	a.m.7:30-p.m.8:30	ビデオ屋	a.m.9:00-p.m.11:00
図書館	a.m.9:30-p.m.6:30	喫茶店（きっさてん）	a.m.7:00-p.m.11:30
デパート	a.m.10:00-p.m.9:00	CD屋	a.m.9:30-p.m.10:00
本屋	a.m.10:30-p.m.8:30	遊園地（ゆうえんち）	a.m.11:00-p.m.8:00

3．　N1 は　N2 ですか。

例 1)　レストラン、７階
　→ A:　レストランは　７階ですか。
　　 B:　いいえ、７階じゃ　ありません。８階です。

例 2)　パソコン、７階
　→ A:　パソコンは　７階ですか。
　　 B:　はい、そうです。７階です。

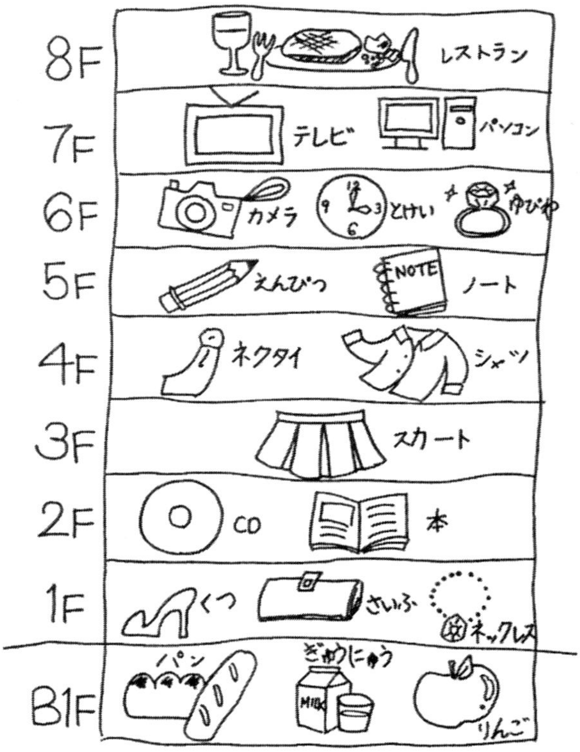

① ノート、５階
② くつ、６階
③ りんご、３階
④ ネクタイ、４階
⑤ カメラ、１階
⑥ さいふ、２階
⑦ スカート、３階
⑧ えんぴつ、７階
⑨ 本、３階
⑩ カメラ、６階

自習問題

1．N1 は　N2 では（／じゃ）ありません。

① パクさんは　学生です。　（　　　　　　　　　　　　　）

② きょうは　月曜日です。　（　　　　　　　　　　　　　）

③ トイレは　2階です。　（　　　　　　　　　　　　　）

④ 授業は　1時からです。　（　　　　　　　　　　　　　）

⑤ 銀行は　5時までです。　（　　　　　　　　　　　　　）

2．N は　何時から（／まで）ですか。（11p　参照）

① 食堂は　何時からですか。　（　　　　　　　　　　　　　）

② 図書館は　何時までですか。（　　　　　　　　　　　　　）

③ 喫茶店は　何時までですか。（　　　　　　　　　　　　　）

④ 銀行は　何時からですか。　（　　　　　　　　　　　　　）

⑤ 居酒屋は　何時からですか。（　　　　　　　　　　　　　）

3．N1 は　N2 ですか。（12p　参照）

① テレビは　6階ですか。　（　　　　　　　　　　　　　）

② シャツは　3階ですか。　（　　　　　　　　　　　　　）

③ 本は　1階ですか。　（　　　　　　　　　　　　　）

④ パンは　4階ですか。　（　　　　　　　　　　　　　）

⑤ とけいは　8階ですか。　（　　　　　　　　　　　　　）

3 いくらですか

ノートパソコン

カン	橋本(はしもと)さん、この　ノートパソコン、　新しいですね。マックですか。
橋本	ええ、そうです。とても　かるいですよ。
カン	なかなか　デザインも　いいですね。橋本さんは　ずっと　マックですか。
橋本	いいえ、前は　マックじゃありませんでした。ソニーでした。
カン	へえ、そうですか。ところで それ いくらですか。
橋本	生協で、89,000円(えん)でした。
カン	89,000 円ですか。ちょっと　高いですね。
橋本	でも、これ　使いがってが　いいですよ。

ノートパソコン	노트북
新(あたら)しい	새롭다
マック	매킨토시
とても	매우, 아주
かるい	가볍다
なかなか	꽤, 아주
デザイン	디자인
も	~도

いい	좋다
ずっと	계속, 쭉
前(まえ)	앞, 전에
生協(せいきょう)	소비조합
ちょっと	좀, 조금
高(たか)い	비싸다, 높다
でも	그렇지만
使(つか)いがって	사용성/사용감

必修表現

1　これ、この

대명사　: これ、それ、あれ、どれ – 이것, 그것, 저것, 어느것
명사수식: この、その、あの、どの – 이, 그, 저, 어느

A:　それは　何(なん)ですか。　　　　그것은 뭐지요?
B:　ベートーベンの　音楽(おんがく)CDですよ。베토벤 음악씨디예요.

A:　その　本は　いくらですか。　　　그 책은 얼마입니까?
B:　これですか。6,000 ウォンです。　이것말이예요? 6,000 원입니다.

2　「～10000」

数字	読み方	数字	読み方	数字	読み方
10	じゅう	100	ひゃく	1000	せん
20	にじゅう	200	にひゃく	2000	にせん
30	さんじゅう	300	さんびゃく	3000	さんぜん
40	よんじゅう	400	よんひゃく	4000	よんせん
50	ごじゅう	500	ごひゃく	5000	ごせん
60	ろくじゅう	600	ろっぴゃく	6000	ろくせん
70	ななじゅう	700	ななひゃく	7000	ななせん
80	はちじゅう	800	はっぴゃく	8000	はっせん
90	きゅうじゅう	900	きゅうひゃく	9000	きゅうせん
				10000	いちまん

3　～ね

상대도 알고 있고, 자기도 알고 있는 사실/일에 대한 확인이나, 또는 동의를 구할 때 흔히 쓰는 표현이다. '~군요(그죠?)'

これは　なかなか　いいですね。　　이것은 참 좋군요(그죠?)

(付記) 2과의 필수표현 2「～よ」와 어떻게 다른지 잘 비교할 것.

基本文型

1　N は Adj です

[N 은/는 Adj 습니다]

イ형용사의 [기본형]은「—い」이다. 이 [기본형]은 사전에 실리는 형태이다. [기본형]을 그대로 쓰면 평상체(반말)가 되지만, 여기에「です」를 붙이면 공손체(공손한 말씨)가 된다.

音(おと)が　いい。 소리가 좋다. → 音が　いいです。 소리가 좋습니다.

日本語(にほんご)は　やさしい。 일본어는 쉽다.

→ 日本語は　やさしいです。 일본어는 쉽습니다.

(付記) 일본어의 형용사에는 イ형용사와 ナ형용사 두 가지가 있다.

2　N1 は N2 でした。

[N1 은/는 N2 였습니다.]

명사문의 과거이다. 과거부정은 「～では（／じゃ）ありませんでした」

きのうは　雨(あめ)でした。　어제는 비였습니다(비가 왔습니다).

キムさんは　会社員でした。　김**씨는 회사원이었습니다.

学校(がっこう)は　釜山じゃ　ありませんでした。 학교는 부산이 아니었습니다.

3　いくらですか

[얼마입니까?]

A：　これは　いくらですか。　이것은 얼마입니까?

B：　それは　9,600 円です。　그건 9,600 엔입니다.

A：　ソウルまで　いくらですか。　서울까지 얼마입니까?

B：　ソウルまでは　6 万(まん)ウォンです。　서울까지는 6만원입니다.

練習

1. [N1]は [N2]でした。

例）この　かばんは　1,800 円です。
　　　→この　かばんは　1,800 円でした。

① 月曜日は　雨です。
② キムさんは　金持(かねも)ちじゃ　ありません。
③ パクさんは　会社員です。
④ 火曜日は　晴(は)れでは　ありません。
⑤ 中学(ちゅうがく)は　釜山です。
⑥ 高校(こうこう)は　釜山じゃ　ありません。
⑦ この　本は　2,000 円です。
⑧ 地下鉄(ちかてつ)は　900 ウォンです。
⑨ バスは　1,500 ウォンです。

2. [N]は [Adj]です。

例）キムさんの家(いえ)、広(ひろ)い
　　　→キムさんの家は　広いです。

① パクさんの車(くるま)、赤(あか)い
② キムさんの家、古(ふる)い
③ チェさんの髪(かみ)、長(なが)い
④ この教室、せまい
⑤ この大学(だいがく)、新(あたら)しい
⑥ 釜山、暑(あつ)い
⑦ 慶州、近(ちか)い
⑧ ソウル、遠(とお)い
⑨ このかばん、小(ちい)さい
⑩ 図書館、大(おお)きい

3．　N は　いくらですか。

例）　A：　すみません。チーズバーガーは　いくらですか。
　　　B：　230円です。

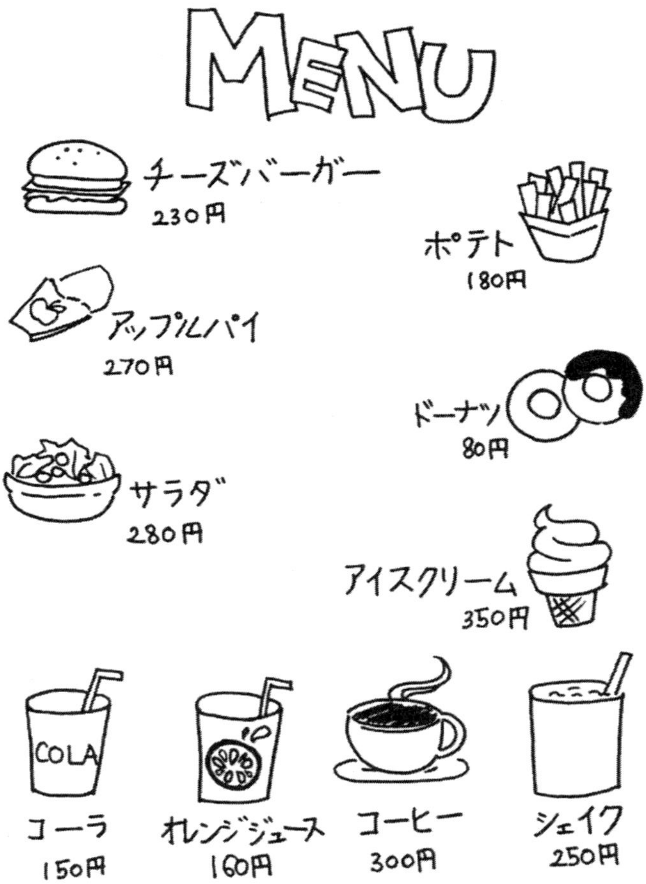

自習問題

1．[N1]は [N2]でした。

① 水曜日は　雨です。　　　(　　　　　　　　　　　)

② 中学は　釜山です。　　　(　　　　　　　　　　　)

③ 高校は　釜山じゃありません。(　　　　　　　　　　　)

④ 地下鉄は　900 ウォンです。　(　　　　　　　　　　　)

⑤ 金海(キメ)は　都会(とかい)じゃありません。(　　　　　　　　　　　)

2．[N]は　～円です。(18p　参照)

① ポテトは　いくらですか。　(　　　　　　　　　　　)

② サラダは　いくらですか。　(　　　　　　　　　　　)

③ ドーナツは　いくらですか。(　　　　　　　　　　　)

④ コーヒーは　いくらですか。(　　　　　　　　　　　)

⑤ シェイクは　いくらですか。(　　　　　　　　　　　)

3．[N]は [Adj]です。

① この　漫画(まんが)、おもしろい　(　　　　　　　　　　　)

② この　かばん、重(おも)い　(　　　　　　　　　　　)

③ ソウル、寒(さむ)い　(　　　　　　　　　　　)

④ 山田(やまだ)先生、やさしい　(　　　　　　　　　　　)

⑤ 中国語(ちゅうごくご)、むずかしい　(　　　　　　　　　　　)

4 田中さんいますか

バイト

カン	あの～、研究室に田中さんいますか。
橋本	田中さんはいま、バイトでいませんけど。何(なに)か。
カン	田中さんにちょっと用事があります。
橋本	たぶん「タンポポ」という喫茶店にいます。
カン	そうですか。その喫茶店はどこですか。
橋本	池田に「ダイエー」というスーパーがあります。 「タンポポ」は「ダイエー」の隣にあります。
カン	そうですか。ここから近いですか。
橋本	電車で25分ぐらいですよ。

バイト	아르바이트
研究室(けんきゅうしつ)	연구실
用事(ようじ)	용무, 볼일
たぶん	아마(도)
～という	~라는
池田(いけだ)	(도시명)
隣(となり)	옆, 이웃
～から	~로부터(에서)

近(ちか)い	가깝다
電車(でんしゃ)	전차
～ぐらい	~정도

ここ	여기
そこ	거기
あそこ	저기
どこ	어디

必修表現

1 ～けど

문의 끝에 붙여서, 상대방의 기대와 반대되는 말을 해야 할 경우에 단정하지 않고 다소 여운을 두는 표현이다. '~지만'

キムさんはいませんけど。　　김**씨는 없는데요(없습니다만)

2 何か

용건을 묻는 상투적인 말씨. '무슨 일이죠?'

A：　ちょっとすみません。　좀 실례하겠습니다.

B：　はい、何か。　예, 무슨 일이죠?

A：　釜山銀行はどこですか。　부산은행은 어딥니까?

3 人とものの数え方

	人	もの
1	ひとり	ひとつ
2	ふたり	ふたつ
3	さんにん	みっつ
4	よにん	よっつ
5	ごにん	いつつ
6	ろくにん	むっつ
7	しちにん	ななつ
8	はちにん	やっつ
9	くにん	ここのつ
10	じゅうにん	とお
11～	～にん	～こ
?	なんにん	いくつ

車(くるま)の前(まえ)に学生がふたりいます。　차 앞에 학생이 두 명 있습니다.

りんごがみっつあります。　사과가 세 개 있습니다.

(付記) 일반적으로 숫자표현에는 조사를 붙이지 않는다. 그리고, 11 명 또는 11 개부터는 1 과에서 배운 숫자에 붙여서 쓴다.

4 上、下、中、前、後ろ、右、左

前(まえ)	앞	後(うし)ろ	뒤
左(ひだり)	왼쪽	右(みぎ)	오른쪽
上(うえ)	위	下(した)	아래, 밑
中(なか)	가운데, 안		

基本文型

1 N が　います／あります

[N 이/가 있습니다]

한국어와 달리, 사람 또는 생물의 존재는「います」로, 무생물 또는 사물의 존재는 「あります」로 표현한다.

부정표현은 「いません／ありません」

田中さんはいません。 다나카씨는 없습니다 – 사람의 존재

つくえがあります。 책상이 있습니다 – 사물의 존재

(付記) 「～がありません」(~이 없습니다)와 「～じゃありません」(~이 아닙니다)를 혼동하지 않도록 주의한다.

本がありません。 책이 없습니다.

本じゃありません。 책이 아닙니다.

2 N1 は　N2 に　います／あります

[N1 은/는 N2 에 있습니다]

존재하는 장소 또는 위치를 나타낸다.

とけいはどこにありますか。 시계는 어디에 있습니까?

犬(いぬ)は木(き)の下にいます。 개는 나무 아래에 있습니다.

3 N で　[時間]（ぐらい）です

[N 로 [시간](정도) 입니다]

탈 것(수단, 도구)에 의한 걸리는 시간 정도를 표현한다.

釜山からソウルまで、車で何時間(なんじかん)ぐらいですか。

부산에서 서울까지 차로 몇시간 정도입니까?

車で5時間半(はん)ぐらいです。 차로 5시간 반 정도입니다.

KTXで3時間ぐらいです。 KTX로 3시간 정도입니다.

練習

1. N で ［時間］（ぐらい）です。

> 例）A: ソウルまでどのぐらいですか。
> B: KTX で 3 時間ぐらいです。

① テグ、セマウル、1時間
② ソミョン、バス、20分
③ ヘウンデ、地下鉄、25分
④ 東京(とうきょう)、新幹線(しんかんせん)、2時間
⑤ 渋谷(しぶや)、電車(でんしゃ)、30分
⑥ マサン、車、1時間
⑦ 福岡(ふくおか)、船(ふね)、3時間
⑧ 大阪(おおさか)、飛行機(ひこうき)、1時間30分
⑨ 学校、自転車(じてんしゃ)、10分
⑩ 空港(くうこう)、タクシー、40分

2. N1 は N2 に います／あります。

> 例）本、つくえ、上
> →本はつくえの上にあります。

① とけい、テレビ、上
② かばん、つくえ、下
③ 中学校、大学、隣
④ 橋本さん、車、横(よこ)
⑤ 橋本さん、田中さん、右
⑥ ビール、冷蔵庫(れいぞうこ)、中
⑦ 図書館、噴水(ふんすい)、後ろ
⑧ ねこ、いす、下
⑨ キムさん、パクさん、左
⑩ ロッテ、ピザ屋、前

3．　N1 は　N2 に　います／あります。

> 例）　A：　すみません。はさみはどこにありますか。
> 　　　B：　テーブルの上にあります。

① 新聞（しんぶん）、テーブルの上
② とけい、テレビの上
③ かばん、つくえの下
④ めがね、かばんの中
⑤ りんご、冷蔵庫の中
⑥ ぼうし、ソファーの上
⑦ 学生、教室の中
⑧ 犬、階段（かいだん）の下
⑨ ねこ、いすの前
⑩ コップ、りんごの横

自習問題

1．[N1]は　[N2]に　います／あります。

①　とけい、つくえ、上　（　　　　　　　　　　　　　）

②　ねこ、いす、下　（　　　　　　　　　　　　　）

③　パクさん、車、横　（　　　　　　　　　　　　　）

④　りんご、冷蔵庫、中　（　　　　　　　　　　　　　）

⑤　喫茶店、大学、隣　（　　　　　　　　　　　　　）

2．[N1]は　[N2]に　います／あります。（25p　参照）

①　コップはどこにありますか。（　　　　　　　　　　　　　）

②　犬はどこにいますか。（　　　　　　　　　　　　　）

③　ぼうしはどこにありますか。（　　　　　　　　　　　　　）

④　めがねはどこにありますか。（　　　　　　　　　　　　　）

⑤　かばんはどこにありますか。（　　　　　　　　　　　　　）

3．[N]で　[時間]（ぐらい）です。（24p　参照）

①　ソミョンまでどのぐらいですか。（　　　　　　　　　　　　　）

②　大阪までどのぐらいですか。（　　　　　　　　　　　　　）

③　マサンまでどのぐらいですか。（　　　　　　　　　　　　　）

④　福岡までどのぐらいですか。（　　　　　　　　　　　　　）

⑤　空港までどのぐらいですか。（　　　　　　　　　　　　　）

5 ときどき映画も見ます

休みの日

カン	田中さんは休みの日に何をしますか。
田中	そうですね、よくビデオを見ます。
カン	どんなビデオですか。
田中	ドキュメンタリーをよく見ます。エコロジーとか。あと、ときどき映画も見ます。カンさんは？
カン	私(わたし)は、ビデオはあまり見ません。
田中	じゃ、カンさんは休みの日は何をしますか。図書館ですか。
カン	はい、よく図書館に行(い)きます。図書館でよく小説を読みます。月(つき)に5さつぐらい、ま、週(しゅう)に1さつはかならず読みます。

休(やす)みの日(ひ)	휴일, 쉬는 날
に	~에(시간)
何(なに)	무엇
見(み)る	보다
ドキュメンタリー	다큐멘터리
エコロジー	환경(문제)
とか	~라든가

あと	그리고, 그 외
映画(えいが)	영화
勉強(べんきょう)	공부
する	하다
で	~에서(장소)
小説(しょうせつ)	소설
読(よ)む	읽다
かならず	반드시, 꼭

必修表現

1 どんな N

명사의 종류를 묻는 표현. '어떤 ~'

どんな映画が好(す)きですか。　어떤 영화를 좋아합니까?

--アクション、SF、アニメ・・・

2 よく、ときどき、あまり、ぜんぜん

빈도를 묻는 표현.

「よく(자주)、ときどき(가끔)」　-- 긍정표현과 함께 쓰인다

「あまり(그다지)、ぜんぜん(전혀)」　-- 부정표현과 함께 쓰인다

(付記)「よく」는 한국어의 '잘'에 대응되지만, '자주'라는 뜻으로 많이 쓰이는 점에 주의한다.

よく飲(の)みます。자주 마십니다.　よく歌(うた)います。자주 노래합니다.

3 私（わたし）／あなた

자기자신을 나타내는 말로, '나, 저'라는 뜻이다. 한국어와 일본어는 상대방을 부를 때 사용하는 말에 많은 제약이 있다. 사전에 「あなた(당신)」이라는 단어가 실려있지만, 한국어나 일본어 모두 이 단어는 손윗 사람에게는 쓸 수없다. 특히 일본어로 상대방을 부를 때는 흔히 '성 + さん' 혹은 선생님께는 '성 + 先生'를 쓴다.

4 [時間]に

일정한 기간 내의 빈도를 나타낸다.

「日(ひ)に (하루에)」「週(しゅう)に (일주일에)」

「月(つき)に (한달에)」「年(ねん)に (일년에)」

週に２さつぐらい小説を読みます。

일주일에 2권정도 소설을 읽습니다.

月に３回(かい)ぐらい映画を見ます。　한달에 3번정도 영화를 봅니다.

5 「～さつ」 「～まい」

さつ : 책이나 노트 따위를 셀 때 쓴다. '~권'

まい : 종이나 사진 따위의 얇은 것을 셀 때 쓴다. '~장, ~대'

数字	さつ(冊)	まい(枚)	数字	さつ(冊)	まい(枚)
1	いっさつ	いちまい	6	ろくさつ	ろくまい
2	にさつ	にまい	7	ななさつ	ななまい
3	さんさつ	さんまい	8	はっさつ	はちまい
4	よんさつ	よんまい	9	きゅうさつ	きゅうまい
5	ごさつ	ごまい	10	じゅっさつ	じゅうまい
			?	なんさつ	なんまい

6 ま/まあ

1. 약간 주저하듯이 말을 고르며 생각을 나열할 때 쓰는 뜻없는 말. '음~ 뭐랄까…'
2. 말 첫머리에 써서 놀람이나 의외라는 기분을 나타내는 말. '어머나!'

   まあ、そうですか。　　어~!/어머나, 그래요?

특히 위 2번의 쓰임은 감동사적인 용법이다. 이러한 용법으로 자주 쓰이는 표현으로는 다음과 같은 것이 있다.

え?/えっ?　　네? 뭐라고요? (의외, 놀람, 확인)

へ～　　네? 정말요? (의외, 놀람)

基本文型

1 N1 は N2 を V- ます／ません

[N1 은/는 N2 을/를 V- 합니다/하지 않습니다.]

1. 동사의 종류

일본어의 동사는 모두 「う段」으로 끝난다. 기본형은 평상체(반말)로 쓰인다. 다음과 같이 3가지로 나눌 수 있으며 각각 활용(어미변화)이 다르다.

3류동사: 「くる、する」 두 동사는 특수한 활용을 한다. 이 두 동사밖에 없으므로 활용형을 그대로 외워야 한다.

2류동사: 2류동사는 모두 「る」로 끝나며, 「る」앞의 소리는 반드시 「い段」아니면 「え段」, 즉 「い段/え段＋る」형태다.

1류동사: 2류와 3류 이외의 모든 동사들이다.

(주의) 2류동사는 반드시「い段/え段＋る」형태를 취하지만, 반대로,「い段/え段＋る」형태를 가진다고 반드시 2류동사는 아니다. 가끔 이런 형태이면서 실제로는 1류동사인 경우가 있다. 이러한 경우, 형태나 의미로는 1류/2류동사 구별을 할 수 없고, 각각 외워야 한다.

예) 走(はし)る、帰(かえ)る、入(はい)る

2. 동사의 공손한 표현(공손체)

동사에 「ます」를 붙여서 공손한 표현을 나타내고, 이것의 부정표현은「ません」이다. 이것을 [ます형]이라고 하고, 동사의 유형에 따라 만드는 방식(활용/어미변화)이 다르다.

1류동사: 어미「う段」을 「い段」으로 바꾸어서 「ます」를 붙인다.

あう → あいます 만납니다　　かく → かきます 씁니다
よむ → よみます 읽습니다　　のる → のります 탑니다

2류동사: 어미「る」를 떼고「ます」를 붙인다.

いる → います 있습니다　　みる → みます 봅니다
たべる → たべます 먹습니다　　ねる → ねます 잡니다

3류동사: くる → きます 옵니다　　する → します 합니다

3. [ます형]의 용법

동사의 [ます형]은 가까운 미래나 말하는 이의 의지, 습관 등을 나타낸다.

きょうは私が行きます。　　오늘은 제가 가겠습니다.

「ます」의 부정은「ません」이다.

たばこはすいません。　　담배는 피지 않습니다.

상대에게 「～ますか」로 물으면, 상대의 의지, 의향을 묻는 표현이 되어서 권유하는 표현으로 쓰이는 점을 주의해야 한다.

田中さんも行きますか。　　다나카씨도 가겠습니까?/갈까요?

단순 의문은 기본형에 「んですか」를 붙여서 표현한다.

田中さんも行くんですか。　　다나카씨도 갑니까?/가는 거예요?

2 N1 は N2 へ（／に）いきます／きます

[N1 은/는 N2 에(/로) 갑니다/옵니다]

방향을 나타낸다.

学校へ行きます。　　학교에 갑니다.

家に帰ります。　　집에 갑니다.

東京には行きません。　　도쿄에는 가지 않습니다.

(付記) 목적지나 방향을 나타낼 때 대체적으로 「へ」와 「に」를 바꾸어 쓸 수 있지만, 다음과 같이 물리적/지리적 '장소'가 아니라 '행위'에 촛점이 있는 경우에는「に」를 쓴다.

映画に行きます。영화(보러) 갑니다.

練習

1. [V-]ます。

> 例）読(よ)む → 読みます

① 書(か)く
② 買(か)う
③ 見(み)る
④ 食(た)べる
⑤ 歌(うた)う
⑥ 聞(き)く
⑦ 歩(ある)く
⑧ 飲(の)む
⑨ 来(く)る
⑩ する

2. [N１]は[N2]を／へ[V-]ます。

> 例）キムさん、本、読む
> → キムさんは本を読みます。

① パクさん、手紙(てがみ)、書く
② シンさん、テレビ、見る
③ ホンさん、ハンバーガー、食べる
④ 橋本さん、CD、きく
⑤ 田中さん、パソコン、買う
⑥ 佐藤(さとう)さん、会社、行く
⑦ 先生、飲(の)み会(かい)、来る
⑧ 学生、家、帰(かえ)る
⑨ チェさん、お酒(さけ)、飲む
⑩ カンさん、日本語、勉強(べんきょう)する

3. よく、ときどき、あまり、ぜんぜん

例） A： Bさんはよくお酒を飲みますか。

B： ◎ はい、よく飲みます。

○ はい、ときどき飲みます。

＊ いいえ、あまり飲みません。

× いいえ、ぜんぜん飲みません。

① 映画、見る、＊

② CD、きく、◎

③ 新聞(しんぶん)、読む、×

④ 手紙、書く、○

⑤ カラオケ、行く、◎

⑥ ソウル、行く、×

⑦ 歌(うた)、歌う、＊

⑧ 車、運転(うんてん)する、○

⑨ 地下鉄、乗(の)る、×

⑩ 本、買う、＊

自習問題

1．V- ます。

① 買う　(　　　　　　　　　　　　)

② 勉強する　(　　　　　　　　　　　　)

③ 乗る　(　　　　　　　　　　　　)

④ 見る　(　　　　　　　　　　　　)

⑤ 食べる　(　　　　　　　　　　　　)

2．N1 は N2 を／へ V- ます。

① パクさん、新聞、読む　(　　　　　　　　　　　　)

② シンさん、映画、見る　(　　　　　　　　　　　　)

③ 田中さん、図書館、行く　(　　　　　　　　　　　　)

④ 学生、日本語、勉強する　(　　　　　　　　　　　　)

⑤ 先生、家、来る　(　　　　　　　　　　　　)

3．映画、よく、見る　→　映画をよく見ます。

① 音楽、よく、きく　(　　　　　　　　　　　　)

② 本、あまり、読む　(　　　　　　　　　　　　)

③ 喫茶店、ときどき、行く　(　　　　　　　　　　　　)

④ コーヒー、ぜんぜん、飲む　(　　　　　　　　　　　　)

⑤ バス、あまり、乗る　(　　　　　　　　　　　　)

6 京都の夏はとても暑いですね

京都の祇園祭

カン	京都の夏はとても暑いですね。
中村(なかむら)	この祇園祭の時がいちばん暑いです。
	きょねんもとても暑かったですよ。
カン	そうですか。何か冷たいものでも飲みませんか。
中村	そうですね。何か冷たいものがほしいですね。
	かき氷はどうですか。
カン	いいですね。

中村	どうですか。おいしいですか。
カン	ちょっと高いけど、冷たくておいしいですね。
中村	そうですか。でも、あまりあまくありませんね。

京都(きょうと)	교토(지명)
春(はる)・夏(なつ)・	봄 / 여름
秋(あき)・冬(ふゆ)	가을 / 겨울
とても	매우, 아주
暑(あつ)い	덥다
祇園祭(ぎおんまつり)	기옹축제
時(とき)	~때
いちばん	가장, 제일
きょねん	작년
何(なに)か	무엇인가
冷(つめ)たい	차갑다
もの	물건, ~것
かき氷(ごおり)	빙설, 빙수
おいしい	맛있다
ちょっと	좀, 조금, 약간
あまい	달다

必修表現

1 V- ませんか

[V- 하지 않겠습니까?]

이 표현은 동사의 부정 의문문 형태를 취하고 있지만, 나타내는 의미는 상대에 대한 권유이다.

단순한 동사의 부정 의문은 「V-ないんですか」를 쓴다.

映画に行きませんか。　　영화보러 안갈래요?

映画に行かないんですか。　　(당신은) 영화보러 안갑니까?

한국학생들이 틀리기 쉬운 표현이다.

2 N がほしいです。

[N 을/를 갖고 싶다]

어떤 대상물을 자기 것으로 하고 싶다거나 갖고 싶다는, 말하는 사람의 욕구를 표현한다. 이 「ほしい」는 イ형용사이고, 대상물은 한국어와 달리 조사 「が」를 쓴다.

私もノートパソコンがほしいです。　　나도 노트북이 갖고 싶어요.

(付記) 뭔가를 사고 싶다는 표현은 일반적으로 「～買いたい」로 쓰지 않고 「～がほしい」를 쓴다.

(付記) 상대방의 희망을 물을 때는 「～は どうですか (／いかがですか)」를 쓴다.

3 N はどうですか。

[N 은/는 어떻습니까?]

상대의 희망 또는 의향을 묻는 표현.

4 でも

예상 / 기대와 반대되는 내용을 표현하는 접속사. '그러나, 그렇지만'

A: なかなかデザインがいいですね。　　꽤 디자인이 좋군요.

B: でも、高いですね。　　그렇지만, 비싸군요.

基本文型

1 Adj N

[Adj N 입니다.]

イ형용사의 [기본형]은 그대로 명사를 수식하는 형태로도 쓰인다.

赤い花(はな) 빨간 꽃　　短(みじか)いえんぴつ 짧은 연필

2 Adj- くありません／―くないです

[Adj- 지 않습니다.]

イ형용사의 공손한 표현(공손체)은 [기본형]에 「です」를 붙여서 나타내었으나, 공손체 부정은 [기본형]의 어미 「―い」를 「―く」로 바꾼 다음 「ありません」 또는 「ないです」를 접속한다.

やすいです。 → やすくありません。 싸지 않습니다.

おもしろいです。 → おもしろくないです。 재밌지 않습니다.

3 Adj- かったです／―くありませんでした

[Adj- 었습니다/지 않았습니다.]

イ형용사의 과거 표현은 [기본형]의 어미 「―い」를 「―かった」로 바꾼다(평상체). 여기에「です」를 붙이면 공손체가 된다.

おもしろいです。 → おもしろかったです。 재밌었습니다.

(付記) ×「おもしろいでした」 또는 ×「おもしろかったでした」가 되지 않도록 주의한다.

공손체의 과거부정은 공손체 현재부정에 「でした」를 접속한다.

やすくありません。 싸지 않습니다.

→ やすくありませんでした。 싸지 않았습니다.

4 Adj- くて Adj

ィ형용사와 ィ형용사를 접속할 때는 앞에 오는ィ형용사의 어미「―い」를 「―くて」로 바꾸어서 접속한다.

地下鉄は速(はや)くて安(やす)い　지하철은 빠르고 싸다.

安くておいしい店(みせ)　싸고 맛있는 가게

아무 형용사와 접속할 수 있는 것이 아니라 형용사가 가지는 평가에 대한 판단이 작용한다. '플러스 이미지'의 형용사끼리, 혹은 '마이너스 이미지' 형용사끼리 접속한다.

그러나 평가가 상반될 때는 [기본형]에「けど」를 붙여서 쓴다.

安い (+)　+　おいしい (+)　→　安くておいしい店

高い (−)　+　おいしい (+)　→　高いけどおいしい店

高い (−)　+　まずい (−)　→　高くてまずい店

安い (+)　+　まずい (−)　→　安いけどまずい店

練習

1. Adj- くありません。

例）この家、広(ひろ)い
→ この家は広くありません／広くないです。

① このかばん、高い
② 釜山、寒(さむ)い
③ キムさんの車、大きい
④ このカメラ、かるい
⑤ このバナナ、おいしい
⑥ マサン、広い
⑦ この公園、せまい
⑧ この店、安(やす)い
⑨ パクさんの髪(かみ)、長い
⑩ 福岡、遠い

2. Adj- かったです。

例）キムさんの家は広いです。
→ キムさんの家は広かったです／広くありませんでした。

① 大阪は暑いです。
② この本は高いです。
③ このパソコンは安くありません。
④ 橋本さんの車は赤いです。
⑤ 北海道(ほっかいどう)は寒いです。
⑥ この店はおいしくありません。
⑦ この本は安くありません。
⑧ 東京は寒くありません。
⑨ キムさんの髪は長いです。
⑩ ホテルの部屋(へや)はせまくありません。

３． Adj- くて、 Adj けど

例１）　安い、おいしい、店　→　安くておいしい店
例２）　高い、おいしい、店　→　高いけどおいしい店

① 小さい、かるい、カメラ

② 大きい、重(おも)い、パソコン

③ 赤い、おいしい、トマト

④ 背(せ)が高い、髪が長い、人(ひと)

⑤ 難(むずか)しい、おもしろい、本

⑥ 細(ほそ)い、長い、たばこ

⑦ せまい、明(あか)るい、部屋

⑧ 古い、きたない、学校

⑨ うるさい、いい、先生

⑩ デザインがいい、高い、コート

自習問題

1．［Adj-］くありません。

① このカメラ、高い　（　　　　　　　　）
② 東京、寒い　（　　　　　　　　）
③ パクさんの車、小さい　（　　　　　　　　）
④ キムさんの部屋、広い　（　　　　　　　　）
⑤ この店、高い　（　　　　　　　　）

2．［Adj-］かったです。

① この本は安いです。　（　　　　　　　　）
② 大阪は暑いです。　（　　　　　　　　）
③ この店は高くありません。　（　　　　　　　　）
④ キムさんの髪は長いです。　（　　　　　　　　）
⑤ 部屋は寒くありません。　（　　　　　　　　）

3．［Adj-］くて／［Adj］けど

① 小(ちい)さい、重い、カメラ　（　　　　　　　　）
② 赤い、おいしい、りんご　（　　　　　　　　）
③ 古い、きたない、喫茶店　（　　　　　　　　）
④ うるさい、いい、先生　（　　　　　　　　）
⑤ 細(ほそ)い、長い、たばこ　（　　　　　　　　）

7 大阪城公園に行きました

大阪城公園

カン	きのうはよく晴(は)れましたね。
中村	そうでしたね。どこかへ行きましたか。
カン	え、小林(こばやし)さんと一緒に大阪城公園に行きました。
中村	小林みどりさんとですか。うらやましいな。
カン	中村さんもどこかへ出かけましたか。
中村	残念ながら、どこへも行きませんでした。 家でレポートを書きました。
カン	次の日曜日はどこかへ行きますか。
中村	そうですね。 行きたいけど、ま、彼女がいないから家で本でも読みます。

きのう	어제	残念(ざんねん)ながら	유감스럽게도
行(い)く	가다	家(いえ)	집
と	~와/과	で	~에서(장소)
一緒(いっしょ)に	함께	レポート	리포트
大阪城公園(おおさかじょうこうえん)	오사카성공원	書(か)く	쓰다
うらやましい	부럽다	次(つぎ)	다음
へ	~에/로(방향)	彼女(かのじょ)	(남자의)여자친구 she
出(で)かける	외출하다		

必修表現

1　よく晴れましたね

날씨를 화제로 삼아 하는 인삿말 중, 아주 쾌청하고 좋은 날에 하는 인사말이다. '참 좋은 날씨군요. 참 좋은 날씨였지요'의 뜻.
통상적인 인사말은 다음과 같다.

　おはようございます(아침)　こんにちは(낮)　こんばんは(저녁)

(付記)「食事(しょくじ)しましたか(식사했습니까?)　ごはん食べましたか(밥 먹었습니까?)」는 인사말이 아니다.

2　N でも

[N 라도]
여러가지 대상 중에서 하나를 들어 말할 때 쓴다.

　コーヒーでも飲みませんか。　커피라도 마시지 않겠습니까?

3　～な／なあ

문말(끝)에 붙어서 놀람의 느낌을 나타낸다. 혼잣말로 쓰일 때가 많다.
'~구나! ~네'

　ゲームセンターの音(おと)って本当(ほんとう)にうるさいなあ。
　　게임센터 소리 정말로 시끄럽네~

4　～から（1）

동사의 기본형과 [ない형]에 붙어서 말하는 사람의 의지나 주장 등의 이유를 나타내는 표현. '~니까, ~하므로'

　橋本さんも行くから大丈夫(だいじょうぶ)です。　하시모토씨도 가니까 괜찮습니다.
　薬(くすり)を飲まないから治(なお)りません。　약을 먹지않으니까 낫지 않습니다.

基本文型

1 V- ました／ませんでした

[V- 했습니다/하지 않았습니다]

동사의 공손한 표현인 「ます」를 「ました」로 바꾸어서 과거표현을 한다. 과거부정은「ます」의 부정표현인 「ません」에 「でした」를 덧붙여서 만든다.

映画を見ます。	영화를 봅니다.
きのう映画を見ました。	어제 영화를 보았습니다.
A: きのう学校へ行きましたか。	어제 학교에 갔습니까?
B: いいえ、行きませんでした。	아뇨, 가지 않았습니다.

2 V- たい

[V- 하고 싶다]

동사의 [ます형]에 「たい」를 붙여서, 말하는 사람의 희망을 표현한다. 이 「〜たい」는 イ형용사 처럼 활용한다.

早(はや)く家に帰りたいです。 일찍 집에 가고 싶습니다.

(付記) 상대방의 희망을 물을 때는 그냥 「〜ますか」 또는 「〜はどうですか (／いかがですか)」를 쓴다.

キムさんもコーヒー飲みますか。 김**씨도 커피 마시겠습니까?

3 疑問詞＋か V- ますか

「なに、だれ、どこ、いつ、どれ」등의 의문사 뒤에 조사가 올 경우와 「か」가 올 경우는 그 쓰임이 다르다. 가령, 「何を飲みますか(무엇을 마시겠습니까?) 」는, 마신다는 것은 알지만 구체적으로 커피인지 홍차인지 혹은 밀크인지 모를 경우에 쓰는 표현이다. 「何か飲みますか(무엇인가 마시겠습니까?) 」는 마실지 안마실지를 묻는 경우이다.

だれが来ましたか。	누가 왔습니까?
だれか来ましたか。	누군가 왔습니까?

4 V- ない

[V- 하지 않는다]
동사에 「ない」가 접속되는 형태를 [ない형]이라고 한다. 이 [ない형]은 [기본형]의 부정표현이다. 다음과 같이 동사 유형에 따라 활용형태가 다르다.

1류동사: 어미「う段」을 「あ段」으로 바꾸어서 붙인다. 단, 「う」로 끝나는 동사는 이「う」를「わ」로 바꾸어서 접속한다.

あう → あわない　　かく → かかない
よむ → よまない　　のる → のらない

(付記)「ある」는 1류동사이지만 「あらない」가 아니고 「ない」.

2류동사: 어미「る」를 떼고「ない」를 붙인다.

いる → いない　　みる → みない
たべる → たべない　　ねる → ねない

3류동사: くる → こない　　する → しない

(付記)「ない」가 접속된 부정표현은 イ형용사처럼 활용한다.

練習

1. V- ない

例）行く → 行かない

① 見る
② 話(はな)す
③ 書く
④ 食べる
⑤ 勉強する
⑥ いる
⑦ 読む
⑧ 走(はし)る
⑨ 泳(およ)ぐ
⑩ 買う

2. V- たい

例）行く → 行きたい

① きく
② 見る
③ 読む
④ 書く
⑤ 食べる
⑥ 歩(ある)く
⑦ 運転(うんてん)する
⑧ 寝(ね)る
⑨ 勉強する
⑩ 使(つか)う

3． [V-]ました

例）パクさん、手紙、書く
　　→　パクさんは手紙を書きました。

① カンさん、コーヒー、飲む
② キムさん、日本語、勉強する
③ 田中さん、テニス、する
④ 橋本さん、昼(ひる)ご飯(はん)、食べる
⑤ 先生、くつ、買う
⑥ 佐藤(さとう)さん、新聞、読む
⑦ イさん、映画、見る
⑧ チェさん、音楽、きく
⑨ カンさん、たばこ、すう
⑩ 小林(こばやし)さん、日本の歌、歌う

4． [疑問詞＋か] [V-]ますか

例）　何、飲む　→　何か飲みますか。

① だれ、来る
② なに、食べる
③ なに、歌う
④ どこ、行く
⑤ いつ、帰る
⑥ どれ、きく
⑦ なに、買う
⑧ なに、する
⑨ どれ、読む
⑩ なに、見る

自習問題

1． V- ない

① 見る　（　　　　　　　　　　）
② 話す　（　　　　　　　　　　）
③ 走る　（　　　　　　　　　　）
④ 食べる　（　　　　　　　　　　）
⑤ 読む　（　　　　　　　　　　）

2． V- ました

① キムさん、テニス、する　（　　　　　　　　　　）
② 田中さん、コーヒー、飲む　（　　　　　　　　　　）
③ 学生、映画、見る　（　　　　　　　　　　）
④ カンさん、日本の歌、歌う　（　　　　　　　　　　）
⑤ 橋本さん、くつ、買う　（　　　　　　　　　　）

3． 疑問詞＋か　V- ますか

① なに、食べる　（　　　　　　　　　　）
② だれ、来る　（　　　　　　　　　　）
③ どこ、行く　（　　　　　　　　　　）
④ どれ、読む　（　　　　　　　　　　）
⑤ いつ、買う　（　　　　　　　　　　）

8　立派なお寺ですが、どこですか

清水寺

カン	いい写真ですね。立派なお寺ですが、どこですか。
田中	京都の清水寺です。古いお寺ですよ。
カン	ああ、これが清水寺ですか。 有名だから私もいちど行ってみたいんです。
田中	静かでいいところですよ。景色もとてもきれいでした。
カン	いつがいいですか。
田中	そうですね、夏は暑いから、９月(がつ)か１０月がいいですよ。
カン	９月か１０月ですか。交通は便利ですか。
田中	バスはありますけど、あまり便利じゃありませんね。

清水寺(きよみずでら)	기요미즈데라	静(しず)かだ	조용하다
写真(しゃしん)	사진	ところ	곳, 장소
立派(りっぱ)だ	멋있다, 훌륭하다	景色(けしき)	경치
お寺(てら)	절	きれいだ	예쁘다, 깨끗하다
～が	~지만	いつ	언제
有名(ゆうめい)だ	유명하다	交通(こうつう)	교통
いちど	한 번	便利(べんり)だ	편리하다

必修表現

1　～から（2）

기본형(평상체)과 공손체에 붙는 「から」는 말하는 사람의 의지나 주장에 대한 이유를 나타낸다. '~니까, ~하므로'

동사 : 帰るから／帰りますから　집에 돌아가니까
イ형용사: いいから／いいですから　좋으니까
ナ형용사: 親切(しんせつ)だから／親切ですから　친절하니까
명사 : 学生だから／学生ですから　학생이니까

2　～んです

평상체에 붙어서 다음과 같은 경우에 쓰인다. 단, 명사와 ナ형용사의 현재 긍정만은 「～なんです」 형태로 접속한다.

1. 말하는 이가 자기자신이나 혹은 상대에게 자신의 결의나 주장을 나타내는 표현.
   やはり私はロッテジャイアンツが好(す)きなんです。
   역시 나는 롯데 자이안츠를 좋아합니다.
2. 어떤 상황이나 사항에 대한 원인이나 이유 등을 설명한다.
   もう帰ります。頭(あたま)がいたいんです。
   이제 집에 가야겠습니다. 머리가 아프거든요.

3　月、日

	月(がつ)		月(がつ)		月(がつ)
1	いちがつ	5	ごがつ	9	くがつ
2	にがつ	6	ろくがつ	10	じゅうがつ
3	さんがつ	7	しちがつ	11	じゅういちがつ
4	しがつ	8	はちがつ	12	じゅうにがつ
?	なんがつ				

	日(にち)		日(にち)		日(にち)
1	ついたち	11	じゅういちにち	21	にじゅういちにち
2	ふつか	12	じゅうににち	22	にじゅうににち
3	みっか	13	じゅうさんにち	23	にじゅうさんにち
4	よっか	14	じゅうよっか	24	にじゅうよっか
5	いつか	15	じゅうごにち	25	にじゅうごにち
6	むいか	16	じゅうろくにち	26	にじゅうろくにち
7	なのか	17	じゅうしちにち	27	にじゅうしちにち
8	ようか	18	じゅうはちにち	28	にじゅうはちにち
9	ここのか	19	じゅうくにち	29	にじゅうくにち
10	とおか	20	はつか	30	さんじゅうにち
?	なんにち			31	さんじゅういちにち

基本文型

1 NA な N

[NA 한 N]

ナ형용사 : ナ형용사는 한국어의 '~하다, ~답다' 등으로 끝나는 형용사에 해당한다. 가령, '운동하다'는 동사이지만, '유명하다'는 형용사인데, 이에 해당하는 것이 ナ형용사라고 생각하면 이해하기 쉽다. ナ형용사의 기본형은 모두 「だ」로 끝나며, 이 기본형은 평상체(반말)로 쓰인다.

有名(ゆうめい)だ　　　유명하다.

ナ형용사로 명사를 수식할 때는 어미「だ」를「な」로 바꾸어서 수식한다.

有名なお寺　유명한 절　　　　親切(しんせつ)な人　친절한 사람

2 NA です

[NA 합니다]

기본적으로 ナ형용사는 명사와 비슷하다. ナ형용사의 기본형은 명사에 단정의 의미('~이다')를 나타내는 조동사 「だ」가 붙은 형태와 같다.

学生だ　←　学生　+　だ　　학생 + 이다

有名だ　←　ナ형용사　　　유명하다

기본형의 형태만이 아니라 공손체나 부정표현 등을 만드는 형태도 명사와 같다. 명사를 수식하는 형태만 다르다(명사와 명사를 연결할 때는 명사 사이에 「の」를 넣어서 연결하지만, ナ형용사가 명사를 수식할 때는 위에서 본 대로 「な」형태로 수식한다).

日本の映画　　명사 + 명사

有名な映画　　ナ형용사 + 명사

공손체, 부정표현, 과거표현 등은 다음 처럼 명사와 같은 형태다.

橋本さんは学生です。　하시모토씨는 학생입니다.

橋本さんは親切です。　하시모토씨는 친절합니다.

田中さんは先生じゃありません。다나카씨는 학생이 아닙니다.

田中さんは正直(しょうじき)じゃありません。다나카씨는 정직하지 않습니다.

テストは月曜日でした。　시험은 월요일이었습니다.

テストは簡単(かんたん)でした。　시험은 간단했습니다.

3 NA で Adj ／ NA

ナ형용사와 ナ형용사, 또는 ナ형용사와 イ형용사를 접속할 때는 앞에 오는 ナ형용사의 어미 「だ」를 「で」로 바꾸어서 접속한다.

しずかできれいなお店　　조용하고 깨끗한 가게

親切でやさしい人　　친절하고 상냥한 사람

아무 형용사와 접속할 수 있는 것이 아니라 형용사가 가지는 평가에 대한 판단이 작용한다. '플러스 이미지'의 형용사끼리, 혹은 '마이너스 이미지' 형용사끼리 접속한다.

그러나 평가가 상반될 때는 [기본형]에「けど」를 붙여서 쓴다.

しずかだ（＋）　＋　高い（－）　→　しずかだけど高い店

4 N1 か N2

[N1 이나/이든지 N2]

두 가지 중에서 한 가지를 선택하는 표현이다.

土曜日か日曜日がいいですよ。　토요일이나 일요일이 좋습니다.

アメリカかカナダに行きたいです。

미국이나 캐나다에 가고 싶습니다.

練習

1. Adj- くありません／NA じゃありません

例）赤いです　→　赤くありません
　　元気(げんき)です。　→　元気じゃありません

① 親切です
② 簡単です
③ 高いです
④ しずかです
⑤ うるさいです
⑥ まじめです
⑦ 広いです
⑧ きれいです
⑨ きたないです
⑩ 上手(じょうず)です

2. Adj- かったです／NA でした

例）赤いです　→　赤かったです
　　元気です　→　元気でした

① むずかしいです
② おもしろいです
③ さむいです
④ せまいです
⑤ やさしいです
⑥ 親切です
⑦ きれいです
⑧ しずかです
⑨ 簡単です
⑩ まじめです

3. Adj／NA ＋ Adj／NA ＋ N

例）にぎやかだ、楽(たの)しい、公園
　　　→　にぎやかで楽しい公園

① しずかだ、きれいだ、喫茶店
② 簡単だ、おいしい、料理(りょうり)

③　まじめだ、しずかだ、学生

④　大変(たいへん)だ、おもしろい、仕事(しごと)

⑤　親切だ、やさしい、先生

⑥　きれいだ、歌が上手だ、歌手(かしゅ)

⑦　話が上手だ、すてきだ、人

⑧　きれいだ、つまらない、人

⑨　簡単だ、つまらない、ゲーム

⑩　きれいだ、せまい、店

4．［Adj］／［NA］から［V-］ます

> 例1）　高いです、買いません　→　高いから買いません。
> 例2）　嫌(きら)いです、食べません　→　嫌いだから食べません。

①　寒いです、早く帰ります

②　おもしろいです、何度(なんど)も見ました

③　性能(せいのう)がいいです、人気(にんき)があります

④　大事(だいじ)です、ゆっくり考(かんが)えます

⑤　まじめです、仕事(しごと)を頼(たの)みました

⑥　近いです、車は使いません

⑦　寒いです、休みます

⑧　安いです、買います

⑨　おいしいです、たくさん食べました

⑩　きょうは誕生日(たんじょうび)です、お酒(さけ)を飲みます

自習問題

1．[Adj-]くありません／[NA]じゃありません

① 親切です　(　　　　　　　)

② 高いです　(　　　　　　　)

③ きれいです　(　　　　　　　)

④ きたないです　(　　　　　　　)

⑤ 上手です　(　　　　　　　)

2．[Adj-]かったです／[NA]でした

① むずかしいです　(　　　　　　　)

② まじめです　(　　　　　　　)

③ 簡単です　(　　　　　　　)

④ しずかです　(　　　　　　　)

⑤ うるさいです　(　　　　　　　)

3．[Adj]／[NA]から[V-]ます

① 寒いです、早く帰ります　(　　　　　　　)

② 安いです、買います　(　　　　　　　)

③ 好(す)きです、たくさん食べます　(　　　　　　　)

④ 大事です、ゆっくり考えます　(　　　　　　　)

⑤ 近いです、車は使いません　(　　　　　　　)

9 テレビを見ていました

きのうの地震

カン	きのうの地震、すごかったですね。
山田（やまだ）	ええ、カンさんは地震の時、何をしていました。
カン	家に帰ってテレビを見ていました。山田さんは。
山田	私はアルバイトで、レストランでお皿を洗っていました。お皿がたくさん割れて大変でしたよ。
カン	それは大変でしたね。もうかたづきましたか。
山田	いいえ、まだかたづいていません。 きょうもバイトでかたづけです。
カン	それは大変ですね。がんばってくださいね。
山田	ええ、きょうじゅうにはかたづくと思（おも）います。

地震（じしん）	지진
すごい	대단하다
アルバイト	아르바이트
お皿（さら）	접시, 쟁반
洗（あら）う	씻다
たくさん	많이
割（わ）れる	깨지다

大変（たいへん）だ	큰일이다, 힘들다
かたづく	정리되다
かたづける	정리하다
かたづけ	정리
がんばる	힘내다
きょうじゅうに	오늘중으로

必修表現

1　もう／まだ

'벌써/아직'의 뜻이지만, 뒤에 동사가 연결될 때는 한국어와 다르므로 주의한다.

「ラブレター」は見ましたか。　'러브레터'는 보았습니까?
はい、もう見ました。　예, 벌써 봤습니다.
いいえ、まだ見ていません。　아뇨, 아직 안 봤습니다.

한국어의 경우, 과거의문에 대한 대답은 긍정이든 부정이든 모두 과거로 표현된다. 그러나 일본어는 한국어와 다르다. 긍정의 경우는, 이미 이루어졌으므로(완료되었으므로) 과거로 표현된다. 그러나 부정의 경우에는 아직 완료된 것이 아니고 마음만 먹으면 할 수 있으므로 과거로 표현하지 않는다. 이런 경우에는 동사의 [て형]에 「いません」을 붙여서 표현한다. 그러므로 위의 부정대답을 한국어처럼 「いいえ、まだ見ませんでした。(×)」라고 하면 틀린 표현이 된다.

2　S と思います

평상체에 붙어서 '~라고 생각합니다'라는 의미의 추측, 판단, 느낌을 나타낸다.

あしたは休みだと思います。　내일은 휴일이라고 생각합니다.
あの店は高いと思います。　저 가게는 비싼 거 같아요.
田中さんは親切だと思います。　다나카씨는 친절하다고 생각해요.
あしたもロッテが勝(か)つと思います。　내일도 롯데가 이길거예요.
先生は行かないと思います。　선생님은 안갈 거라고 생각합니다.

基本文型

1 V- て

[V- 하고, 해서, 하여]

동사의 접속형태로 여러가지 의미를 나타낸다. 동사의 유형에 따라 다음과 같이 접속한다. 이것을 [て형]이라고 한다.

1류동사:

기본형이 「う、つ、る」로 끝나는 동사는 이를 「って」로 바꾼다.

歌う → 歌って、 まつ → まって、 のる → のって

기본형이 「ぬ、ぶ、む」로 끝나는 동사는 이를 「んで」로 바꾼다.

しぬ → しんで、 よぶ → よんで、 のむ → のんで

기본형이 「く、ぐ」로 끝나는 동사는 이를 각각 「いて、いで」로 바꾼다.

かく → かいて、 およぐ → およいで

기본형이 「す」로 끝나는 동사는 이것을 「して」로 바꾼다.

はなす → はなして

2류동사: 어미「る」를 떼고「て」를 붙인다.

みる → みて、 たべる → たべて

3류동사: くる → きて　　する → して

※ **예외** : いく → いって 가다

다음과 같은 순차적인 동작의 연결을 나타낸다.

家に帰って、ねます。	집에 가서 자렵니다.
テープをきいて、勉強します。	테이프를 듣고 공부합니다.
友(とも)だちに会(あ)って、お酒を飲みます。	친구를 만나서 술을 마십니다.

2 V- ています

[V-고 있습니다]

동작의 진행을 나타낸다.

本を読んでいます。　　책을 읽고 있습니다.

先生は電話(でんわ)をしています。　　선생님은 전화를 하고 있습니다.

이 외에 상태나 행위의 결과 등을 나타낼 경우도 있다.

このテレビは壊(こわ)れています。　이 텔레비전은 고장났습니다.

3 V- てください

[V-하세요, 해 주세요]

부탁을 하는 표현이다.

本を読んでください。　　책을 읽어 주세요.

先生に電話をしてください。　　선생님께 전화를 하세요.

부정형은 「ないでください」가 된다. '~지 마세요'

辞書(じしょ)は見ないでください。　　사전은 보지 마세요.

たばこをすわないでください。　　담배를 피지 마세요.

(付記) 한국어의 '~하세요'를 「～なさい」로 하지 않도록 주의한다. 이 일본어 표현은 명령표현에 가깝다.

① ゆっくり食べてください。　　천천히 드세요.

② ゆっくり食べなさい。　　천천히 먹어라.

①은 식사를 일찍 마친 사람이 식사중인 일행에게 하는 말

②는 예를 들면, 밥을 급하게 먹고 있는 아이를 나무라는 부모의 말.

練習

1. V－て

> 例）書く　→　書いて

① 見る
② きく
③ 走る
④ 泳(およ)ぐ
⑤ 飲む
⑥ 死(し)ぬ
⑦ 食べる
⑧ 来る
⑨ 勉強する
⑩ 帰る
⑪ 呼(よ)ぶ
⑫ 話す

2. V－てください

> 例）窓(まど)を開(あ)ける　→　窓を開けてください。

① きょうはゆっくり休む
② 教科書(きょうかしょ)を貸(か)す
③ 日本語を教(おし)える
④ テープを何度(なんど)もきく
⑤ たくさん食べる
⑥ 早く帰る
⑦ 書類(しょるい)をよく見る
⑧ ワープロで打(う)つ
⑨ 受付(うけつけ)で確認(かくにん)する
⑩ 9時までに来る

3. もう／まだ

> 例）けさの新聞、読む
> 　　→ A:　けさの新聞はもう読みましたか。
> 　　　 B:　いいえ、まだ読んでいません。

① この CD、きく
② このビデオ、見る
③ 昼(ひる)ご飯(はん)、食べる
④ 会社、電話する
⑤ 先生、話す
⑥ 友だち、会う
⑦ 薬(くすり)、飲む
⑧ タクシー、呼ぶ

4. S と思います

例）キムさんは失敗(しっぱい)します　→　キムさんは失敗すると思います。

① この店は安いです。

② あの人はまじめです。

③ きょうは休講(きゅうこう)です。

④ 先生は研究室(けんきゅうしつ)にいます。

⑤ この車はいいです。

⑥ カンさんはあまり食べません。

⑦ パクさんは買いません。

⑧ キムさんは遅刻(ちこく)します。

⑨ このテレビは壊(こわ)れています。

⑩ 先生はまだ学校に来ていません。

自習問題

1． V- て

① 食べる　（　　　　　　　　　）

② きく　（　　　　　　　　　）

③ 走る　（　　　　　　　　　）

④ 呼ぶ　（　　　　　　　　　）

⑤ 買う　（　　　　　　　　　）

2． V- てください

① 説明(せつめい)をよく読む　（　　　　　　　　　）

② ボールペンで書く　（　　　　　　　　　）

③ 教科書を貸す　（　　　　　　　　　）

④ この薬を飲む　（　　　　　　　　　）

⑤ たくさん食べる　（　　　　　　　　　）

3． S と思います

① あの店は高いです。　（　　　　　　　　　）

② きょうは休講です。　（　　　　　　　　　）

③ パクさんは買いません。　（　　　　　　　　　）

④ キムさんは勉強します。　（　　　　　　　　　）

⑤ この車はいいです。　（　　　　　　　　　）

10 この前行ったお店

いいお店

カン	田中さん、この前行ったお店、何(なん)というお店ですか。
田中	この前っていつですか。
カン	山田さんの誕生日の時です。
田中	あ、山田さんの誕生日ね。「酔虎伝(すいこでん)」だったと思います。
カン	「酔虎伝」ですか。安くておいしいお店でしたね。
田中	ええ、学生がよく行くお店なんですよ。 何(なに)かあるんですか。
カン	実は今度、韓国から知人が来るんですよ。
田中	ああ、それで案内するんですね。学生さんですか。
カン	いえ、父の友人です。日本に来るときにいろいろお世話になった人です。
田中	それなら、「酔虎伝」より静かなお店の方(ほう)がいいと思いますが。ちょっと高いけど、「住吉(すみよし)」なんかどうですか。

お店(みせ)	가게
誕生日(たんじょうび)	생일
実(じつ)は	사실은, 실은
今度(こんど)	이번, 이번에
知人(ちじん)	지인, 아는 사람
それで	그래서
案内(あんない)する	안내하다

友人(ゆうじん)	우인, 친구
いろいろ	여러가지(로)
お世話(せわ)になる	신세를 지다
人(ひと)	사람
それなら	그렇다면, 그것이라면

必修表現

1 N という

[N 라는]

들을 이가 모를 것이라고 생각되는 대상 또는 사항을 제시하는 표현.

「ラブレター」という映画を見ましたか。

'러브레터'라는 영화를 봤습니까?

2 N って

[N 라니, 라는 것은]

상대가 언급한 대상 또는 사항을 몰라서 되물을 경우 흔히 쓰는 표현이다. 한국어 조사 '~이/가'로 번역될 경우도 많다.

きのう「ラブレター」を見ました。　어제 '러브레터'를 봤습니다.

ラブレターって何ですか。　러브레터가 뭐예요?

3 家族呼称

한국과 달리 일본에서는 다른 사람과 얘기할 때, 자기 측 인물은 낮추고 상대측 인물은 높여서 말해야 한다. 따라서 가족 호칭도 상황에 따라 변한다는 점을 이해해 두어야 한다.

	자기가족	상대가족		자기가족	상대가족
아버지	父(ちち)	おとうさん	어머니	母(はは)	おかあさん
오빠/형	兄(あに)	おにいさん	언니/누나	姉(あね)	おねえさん
남동생	弟(おとうと)	おとうとさん	여동생	妹(いもうと)	いもうとさん

4 N なんか

[N 같은 것, 같은 곳, 따위]

여러가지 가운데서 대표적인 것을 들어서 말하는 표현.

日本酒(にほんしゅ)なんかどうですか。　일본술(정종) 같은 것 어때요?

基本文型

1 V- た

동사의 [て형]에서, 「て／で」 대신 「た／だ」를 접속하면 평상체 과거(반말 과거) 표현이 된다. 이것을 [た형]이라고 한다. 「～から」「～けど」「～と思います」「～んです」 따위와 접속하여 과거의 사항을 나타낸다.

きのう休(やす)んだからいそがしいです。 어제 쉬었기때문에 바쁩니다.
電話したけどいませんでした。 전화했지만 없었습니다.
もう終(お)わったと思います。 벌써 끝났다고 생각합니다.
きのうは早く帰ったんです。 어제는 일찍 집에 갔었던 거예요.

2 평상체와 공손체

한국어와 마찬가지로 상대에 따라 반말(평상체)/공손한 말(공손체)을 나누어서 쓴다.

		평상체	공손체
동사	긍정	書く	書きます
	부정	書かない	書きません
	과거긍정	書いた	書きました
	과거부정	書かなかった	書きませんでした
イ형용사	긍정	たかい	たかいです
	부정	たかくない	たかくありません
	과거긍정	たかかった	たかかったです
	과거부정	たかくなかった	たかくありませんでした
ナ형용사	긍정	しずかだ	しずかです
	부정	しずかじゃない	しずかじゃありません
	과거긍정	しずかだった	しずかでした
	과거부정	しずかじゃなかった	しずかじゃありませんでした
명사	긍정	学生だ	学生です
	부정	学生じゃない	学生じゃありません
	과거긍정	学生だった	学生でした
	과거부정	学生じゃなかった	学生じゃありませんでした

접속표현이나 문말표현에 따라서는 평상체에만 접속할 수 있는 것과, 평상체와 공손체 모두에 접속할 수 있는 것이 있다. 지금까지 나온 표현 중에서 평상체에만 접속하는 표현은 다음과 같다.

● 8과 필수표현2 「～んです」

学校にいったんです。　학교에 갔었어요.

学生じゃなかったんです。　학생이 아니었어요

(付記) 명사와 ナ형용사의 현재 긍정만은 「명사+だ+んです」가 아니라 「명사+な+んです」이다.

学生なんです。　학생이에요.

● 9과 필수표현2 「～と思います」

行かなかったと思います。　가지 않았다고 생각합니다.

しずかだったと思います。　조용했었던 것 같아요.

3 V + N (1)

[V 하는/할 N]

동사의 기본형은 명사를 수식하는 형태로도 쓰인다.

授業が終(お)わる時間	수업이 끝나는/끝날 시간
ホームランを打(う)つチャンス	홈런을 칠 찬스
きのう見た映画	어제 본 영화
彼女(かのじょ)ととった写真	그녀와 찍은 사진

4 (N1 より) N2 の方が Adj です

[(N1 보다) N2 이/가 Adj 입니다]

비교표현. 한국어와 달리 '～쪽이'라는 형식으로 표현하는 점에 주의.

セマウルよりKTXがはやい。(×) 새마을보다 KTX가 빠르다.

→ セマウルよりKTXの方がはやい。(○)

A: 釜山はソウルより暑いんですか。 부산은 서울보다 덥습니까?

B: いいえ、ソウルの方が暑いですよ。(○) 서울이 더 덥습니다.

いいえ、ソウルがもっと暑いですよ。(×)

練習

1. V- た

例）書く → 書いた

① 見る
② きく
③ 走る
④ 泳ぐ
⑤ 飲む
⑥ 死ぬ
⑦ 食べる
⑧ 来る
⑨ 勉強する
⑩ 帰る
⑪ 呼ぶ
⑫ 話す

2. V ＋ N

例）先生が本を書きました → 先生が書いた本

① 友だちと映画を見ました。
② 橋本さんが歌を歌いました。
③ 友だちの家でCDをききました。
④ きのう友だちに電話しました。
⑤ 田中さんはバイクに乗っています。
⑥ 道(みち)で友だちに会いました。
⑦ 先週(せんしゅう)居酒屋に行きました。
⑧ 福岡でホテルにとまりました。
⑨ きのう遊園地で遊びました。
⑩ 山田さんはスーツを着(き)ています。

3． （N1 より）N2 の方が Adj です

例）車、電車、便利(べんり)だ　→　車より電車の方が便利です。

① 英語、日本語、やさしい
② 新幹線(しんかんせん)、飛行機(ひこうき)、高い
③ チェさん、イさん、歌が上手だ
④ ソウル、釜山、あたたかい
⑤ ヘウンデ、ソミョン、にぎやかだ
⑥ デパート、スーパー、安い
⑦ りんご、みかん、好きだ
⑧ 田中さん、山田さん、髪(かみ)が長い
⑨ 仕事、健康(けんこう)、大事だ
⑩ お茶(ちゃ)、コーヒー、いい

4． N2 の方が Adj です

例）ビール、ソジュ
　→ A: ビールとソジュと、どちらが好きですか。
　　 B: ソジュの方が好きです。

① りんご、みかん
② ソミョン、ヘウンデ
③ お茶、コーヒー
④ 野球(やきゅう)、サッカー
⑤ 小説、漫画(まんが)
⑥ ベートーベン、バッハ
⑦ k-pop、j-pop
⑧ 焼(や)き肉(にく)、すし
⑨ 夏、冬
⑩ ドラマ、バラエティ

自習問題

1. V-た

① 買う　　　　　　　　（　　　　　　　　　　）
② 勉強する　　　　　　（　　　　　　　　　　）
③ くる　　　　　　　　（　　　　　　　　　　）
④ 見る　　　　　　　　（　　　　　　　　　　）
⑤ 書く　　　　　　　　（　　　　　　　　　　）

2. V＋N

① 毎日(まいにち)CDをきいています。　（　　　　　　　　　　）
② きのう友だちに電話しました。（　　　　　　　　　　）
③ 先週(せんしゅう)居酒屋に行きました。　（　　　　　　　　　　）
④ あした先生に会います。　（　　　　　　　　　　）
⑤ 先生が歌を歌いました。　（　　　　　　　　　　）

3. （N1より）N2の方がAdjです

① 英語、日本語、簡単だ　　（　　　　　　　　　　）
② 新幹線、飛行機、はやい　（　　　　　　　　　　）
③ 北海道、東京、あたたかい（　　　　　　　　　　）
④ デパート、スーパー、安い（　　　　　　　　　　）
⑤ 仕事、健康、大事だ　　　（　　　　　　　　　　）

11 たくさん置いてあります

日本の小説

カン	山田さん、何を読んでいるんですか。
山田	村上春樹(むらかみはるき)の「１Ｑ８４(いちきゅうはちよん)」です。知っていますか。
カン	名前は聞いたことがありますが、まだ読んでいません。
山田	カンさんは日本の小説を読んだことがありますか。
カン	もちろん、ありますよ。太宰治(だざいおさむ)とか芥川龍之介(あくたがわりゅうのすけ)とか。 韓国の大学の図書館にもたくさん置いてありますから。
山田	最近の小説はどうですか。
カン	読んでみたいんですけど、最近のはあまり知らないんですよ。何かおもしろい小説ありますか。
山田	これなんかどうですか。とても人気のある作家ですよ。

名前(なまえ)	이름
もちろん	물론
置(お)く	두다
最近(さいきん)	최근(에)
人気(にんき)	인기
作家(さっか)	작가

● 무라카미 하루키는 현대의 대표적인 일본 작가이다. 1987년에 발표한 「ノルウェイの森(もり) 노르웨이의 숲」으로 한국은 물론 전 세계에서 높은 인기를 얻었다. 2009년에 발표한「1Q84」도 선풍적인 인기를 얻었으며, 일본의 유명한 상을 수상하기도 하였다.

必修表現

1 N とか

[N 라든가]

명사에 붙여서 여러가지 예를 들어 말하는 표현. 회화체에서 주로 사용한다.

休みの日には野球とかサッカーとかをよく見ます。

휴일에는 야구라든가 축구 같은 것을 자주 봅니다.

基本文型

1 N の

[N 의 것]

1 과에서 배운 조사 '~의'와 달리, 여기서는 명사처럼 사용된 것이다. '~의 것'

これは私のです。　이것은 내 것입니다.

ラーメンは学食(がくしょく)のがおいしいですよ。　라면은 학식 게 맛있어요.

위 두 예문은 명사에 붙어서 '~의 것'이란 뜻으로 쓰였다.

이런 용법 외에도 다음과 같이 동사나 형용사에 붙어서 「の」가 명사로 사용되는 경우도 있다. 이 경우의 동사, 형용사는 명사를 수식하는 형태이다. '~한 것'

きのう見たのはラブレターでした。

어제 본 것은 러브레터였어요.

もうちょっと安いのはありませんか。

좀 더 싼 것은 없습니까?

もうちょっと簡単なのはありませんか。

좀 더 간단한 것은 없습니까?

2 V + N (2)

[V 하는/한 N]

'(편지를) 내가 썼다' 처럼 하나의 문을 이룰 수 있는 단위가 '내가 쓴 편지'처럼 명사(편지)를 수식하는 경우는 한국어나 일본어 모두 흔하다. 이럴 때, 한국어는 '나의 쓴 편지'처럼 조사가 바뀌는 경우는 없으나 일본어는 조사 「が」가 「の」로 바뀌는 경향이 있다.

先生が書いた本　　先生の書いた本　　선생님이 쓴 책

花(はな)の咲(さ)くころにまた来てください。　　꽃이 필 무렵에 또 오세요.

3 V- ています／てあります

[V- 어 있습니다 / 어 두었습니다]

9 과에서 공부한 「ています」는 동작의 진행을 나타내지만, 여기서는 동작의 결과가 지속되고 있는 상태를 나타내는 것이다.

このテレビは壊(こわ)れています。　　이 텔레비전은 고장났습니다.

이 경우는 이미 TV 가 고장나서 수리되지 않은 채 그 상태로 있다는 의미이다.

이와 비슷한 결과의 상태를 나타내는 표현으로서 「てあります」가 있다. 이는 어떤 목적이 있어서 의도적으로 그렇게 해 두었다는 의미가 강하다.

ホワイトボードに説明(せつめい)が（／を）書いてあります。

화이트보드에 설명이 적혀 있습니다(/설명을 적어 두었습니다).

누군가가 미리 어떤 목적으로 설명을 써 두었고, 그 설명이 지워지지 않은 채 남아 있는 상태이다. 조사 「が」를 쓰는 경우에는 누군가 제 3 자가, 「を」를 쓰면 말할 이가 그렇게 해 두었다는 뉘앙스가 있다.

많은 동사는 동작이 이루어진 다음 그 동작이 끝날 때까지 어느 정도의 시간이 걸린다. 이를 계속동사라고 한다. 계속동사는 「ています」로 동작의 진행을, 「てあります」로 상태/결과의 지속을 나타낸다.

電話をしています。　　전화를 하고 있습니다.

電話をしてあります。　　전화를 해 두었습니다.

「落ちる」「死ぬ」등 동작이 순간적으로 이루어지는 동사(순간동사)는 동작의 진행을 나타내지 않고, 「ています」로 결과가 지속되고 있는 상태를 나타낸다.

さいふが落ちていました。　　지갑이 떨어져 있었습니다.

「開く・開ける」「つく・つける」「冷える・冷やす」「たおれる・たおす」처럼 자동사와 타동사가 쌍을 이루는 경우가 있다. 이 경우, 자동사의 「ています」와 타동사의 「てあります」는 결과의 상태를 나타낸다.

ふたが開いています。　　뚜껑이 열려 있습니다.

ふたを開けてあります。　　뚜껑을 열어 두었습니다.

자동사의 「てあります」는 존재하지 않는다.

타동사의 「ています」는 보통 동작의 진행을 나타낸다.

「てあります」는 무언가 준비가 되어 있는지 물었을 때, 그 준비가 이미 되어 있을 경우의 대답으로 많이 쓰인다.

A: 飲み物の準備は大丈夫ですか。　　마실 것 준비는 되었습니까?

B: ビールを２０本冷やしてあります。맥주 20병을 차게해 두었어요.

4 V- たことがあります

[V- 한 적이 있습니다]

경험의 유무를 나타내는 표현으로 동사의 [た형]에 접속한다.

A: 村上春樹を読んだことがありますか。

무라카미하루키(의 소설)를 읽은 적이 있습니까?

B: いや、日本の小説はまだ読んだことがないんですよ。

아니, 일본 소설은 아직 읽은 적이 없어요.

5 V- てみたい

[V- 해 보고 싶다]

새로운 것을 경험해 보거나 시도해 보고 싶다는 희망 또는 관심의 표현이다. たこ焼きを食べてみたい。 다코야키를 먹어보고 싶다.

練習

1.　自動詞・他動詞

例）開く　→　開ける

①　起(お)きる	⑤　つく	⑨　入(はい)る
②　冷(ひ)える	⑥　壊(こわ)れる	⑩　消(き)える
③　閉(し)まる	⑦　焼(や)ける	⑪　わく
④　倒(たお)れる	⑧　並(なら)ぶ	⑫　たまる

2.　[V-]ている／[V-]てある

例）窓が開いています　→　窓を開けてあります

①　ビールが冷えています。
②　鍵(かぎ)が閉まっています。
③　冷房(れいぼう)がついています。
④　看板(かんばん)が倒れています。
⑤　魚(さかな)が焼けています。
⑥　いすが並んでいます。
⑦　お金が入っています。
⑧　電気(でんき)が消えています。
⑨　お風呂(ふろ)がわいています。
⑩　水(みず)がたまっています。

3. V-たことがあります

例）日本の映画、見る → 日本の映画を見たことがありますか。

① 新幹線、乗る
② ソジュ、飲む
③ 日本の歌、歌う
④ 京都、行く
⑤ 車、運転する
⑥ お好(この)み焼(や)き、食べる
⑦ 海(うみ)、泳ぐ
⑧ 日本人、話す
⑨ テレビ、出る
⑩ 韓国、来る

4. V-てみたい

例）日本のお酒を飲みます。
→ 日本のお酒を飲んでみたいです。

① バイクに乗ります。
② 夜(よる)おそくまで遊びます。
③ 彼女と一緒にドライブに行きます。
④ 山田先生の授業を受(う)けます。
⑤ たこ焼きを食べます。
⑥ アメリカに住みます。
⑦ 着物(きもの)を着(き)ます。
⑧ テニスをします。
⑨ 海で泳ぎます。
⑩ 中国語を勉強します。

自習問題

1．V- ている／V- てある

① ドアが閉まっています　（　　　　　　　　）

② 説明書が入っています　（　　　　　　　　）

③ 冷房がついています　（　　　　　　　　）

④ お湯（ゆ）がわいています　（　　　　　　　　）

⑤ スイカが冷えています　（　　　　　　　　）

2．V- たことがあります

① 飛行機、乗る　（　　　　　　　　）

② 肉（にく）じゃが、食べる　（　　　　　　　　）

③ 日本のニュース、見る　（　　　　　　　　）

④ 東京、行く　（　　　　　　　　）

⑤ 日本語のワープロ、使う　（　　　　　　　　）

3．V- てみたい

① USJ に行きます　（　　　　　　　　）

② ゴルフをします　（　　　　　　　　）

③ 日本酒を飲みます　（　　　　　　　　）

④ 田舎（いなか）に住みます　（　　　　　　　　）

⑤ 中国語を勉強します　（　　　　　　　　）

12 家にいようと思っています

予定

カン	もしもし、田中さんですか。カンです。
田中	あ、カンさん、こんにちは。
カン	今(いま)、大丈夫ですか。
田中	新しいゲームを買ったので、ちょっとやろうとしていたんですよ。
カン	そうですか。おもしろそうですね。ところで、田中さん、今度の日曜日は何か予定ありますか。
田中	別にありません。家にいようと思っています。
カン	山田さんと海遊館に行こうと思っているんですけど、よかったら田中さんも一緒に行きませんか。
田中	いいですね。ぜひ行きたいです。
カン	じゃ、山田さんと連絡して、土曜日にまた電話します。

大丈夫(だいじょうぶ)だ	괜찮다
ゲーム	게임
やる	하다
ところで	그런데(화제전환)
予定(よてい)	예정, 스케쥴
別(べつ)に	특별히, 별로
海遊館(かいゆうかん)	오사카에 있는 해양수족관 이름
ぜひ	꼭, 부디
連絡(れんらく)する	연락하다
また	또
電話する	전화하다

必修表現

1　もしもし

전화를 걸 때 상대를 부르는 상투어. '여보세요'

(따르릉)

A:　はい、田中ですが。　　　네, 다나카입니다만.

B:　もしもし、韓国のキムと申しますが、
　　田中太郎さんいらっしゃいますか。

여보세요, 한국에 사는 김**라고 합니다만,
다나카타로씨 계십니까?

<전화 에티켓>

위 대화의 A 처럼 받는 사람은 자신의 이름(성)을 말한다. 전화를 건 사람은 위의 B 처럼 자신을 구체적으로 밝힌다. 그냥 '친군데요' 등 자신을 분명히 밝히지 않는 것은 예의에 어긋난다.

2　S ので

원인이나 이유를 나타낸다. 평상체와 공손체에 접속하지만, 명사와 ナ형용사의 현재 긍정만은 「～なので」 형태로 접속한다. 회화체에서는 「～ので」가 「～んで」로 되는 경우가 많다. '~해서, ~하므로'

동사　：　用事があるので／ありますので　　　볼 일이 있어서
イ형용사：　もうおそいので／おそいですので　　　시간이 많이 늦어서
명사　：　雨なので／雨ですので　　　비가 오니까
ナ형용사：　有名なので／有名ですので　　　유명하니까
현재부정：　～ないので／～ありませんので　　　~지 않아서
과거부정：　～なかったので／ありませんでしたので　~지 않았으므로

앞에서 배운 「～から」가 다소 주관적인 입장이라면, 「～ので」는 객관적인 원인 결과의 관계를 나타낸다고 할 수 있다. 그러므로 경우에 따라서는 변명하는 듯한 「～から」보다 「～ので」가 다소 공손한 느낌을 주기도 한다.

3 よかったら

상대방의 의향을 묻거나 무언가를 권하는 경우에 상투적으로 쓰는 표현이다. 굳이 한국어로 표현하자면 '(당신이) 괜찮다면' 정도이다.

よかったら、野球でも見に行きませんか。 야구라도 보러 안갈래요?

よかったら、コーヒーをどうぞ。 커피 좀 드시죠.

基本文型

1 | V- う／よう

말하는 이의 의향이나 의지를 나타내기도 하고, 또한 상대의 의향, 의지를 묻거나 권유할 때 쓰이는 표현이다. 이 「う／よう」가 접속하는 형태를 [의향형]이라고 하고, 접속형태는 동사의 유형에 따라 다르다.

1류동사: 어미「う段」을 「お段」으로 바꾸어서 「う」를 붙인다.

あう → あおう 만나겠다, 만나자 書く → 書こう
のる → のろう 타겠다, 타자 読む → 読もう

2류동사: 어미「る」를 떼고「よう」를 붙인다.

みる → みよう たべる → たべよう いる → いよう

3류동사: くる → こよう する → しよう

공손체는「ます」를 「ましょう」로 바꾼다.

私が行きましょう。 내가 가겠습니다.
私が行きましょうか。 내가 갈까요?
一緒に行きましょう。 함께 갑시다.
一緒に行きましょうか。 함께 갈까요?

● 관련표현 1 [의향형] + と思う

말하는 이의 예정이나 의지를 나타낸다.

村上春樹を読もうと思います。 무라카미하루키를 읽을까 합니다.

● 관련표현 2 [의향형] + とした

어떤 동작이나 행위를 실현하려고 노력했지만, 실현되지 않았다는 내용이 이어진다.

大学卒業(そつぎょう)と同時(どうじ)に結婚(けっこん)しようとしたんですが、まだ・・・
대학교 졸업과 동시에 결혼하려고 했지만(했습니다만) 아직...

2 S- そうだ

[S- 할 것 같다]

1) イ형용사와 ナ형용사의 어간에 붙어서, 말하는 이가 보거나 듣거나 한 여러 정황에 의해 판단하거나 추측하는 표현이다.

この映画はおもしろそうですね。 이 영화는 재밌을 것 같군요.

やあ、キムさん、元気(げんき)そうですね。 김**씨! 건강한 것 같군요.

단, 「いい(좋다)」는「よさそうだ」, 「ない(없다)」는「なさそうだ」처럼 어간에「さ」를 덧붙인다.

부정형인 경우, 「おもしろくなさそうだ」「元気じゃなさそうだ」처럼 표현한다.

2) 동사 [ます형]에 붙어서, 어떤 일이 일어날 가능성이 크다는 판단을 나타낸다.

あしたは天気(てんき)になりそうです。

내일은 날씨가 좋을 것 같아요.

仕事は今日中(きょうじゅう)に終わりそうです。

일은 오늘 중으로 끝날 것 같아요.

부정형인 경우, 「行かなそうだ」가 아니라 「行きそうにない」「行きそうもない」처럼 표현하여 그러한 동작이 일어날 가능성이 낮다는 것을 나타낸다.

여기서 다룬「-そうだ」는 ナ형용사처럼 활용(변화)한다.

練習

1. V-う／よう

例）行く　→　行こう

① 走る　　⑤ 買う　　⑨ 会う
② 食べる　⑥ 読む　　⑩ 見る
③ 着る　　⑦ 考える　⑪ きく
④ 勉強する　⑧ 帰る　⑫ 来る

2. V-う／ようと思います

例）日本語、勉強する　→　日本語を勉強しようと思います。

① 外国（がいこく）、行く
② 鈴木（すずき）先生、電話する
③ 両親（りょうしん）、手紙、出（だ）す
④ 彼女、探（さが）す
⑤ ニュース、見る
⑥ 部屋、かたづける
⑦ CD、買う
⑧ 武田（たけだ）先生、相談（そうだん）する
⑨ 韓国、帰る
⑩ 免許（めんきょ）、とる

3. S-そうです

例）このケーキはおいしいです。
　　→　このケーキはおいしそうです。

① キムさんは元気です。
② この部屋はしずかです。
③ 佐藤（さとう）さんは幸（しあわ）せです。
④ このとけいは高いです。

⑤　このホテルは安いです。

⑥　松田さんの車は速いです。

⑦　あしたは雨が降ります。

⑧　パクさんはたくさんお酒を飲みます。

⑨　このテレビはすぐに壊れます。

⑩　このステレオは音がいいです。

4．[S]ので

例）旅行に行きます、お金を貯めています
　　→　旅行に行くのでお金を貯めています。

①　キムさんは学生です、お金がありません

②　鈴木さんは試験を受けます、一生懸命勉強しています

③　あの店は高いです、あまり行きません

④　佐藤さんはコーヒーが好きです、毎日飲みます

⑤　キムさんは風邪を引きました、家で寝ています

⑥　あまり安くありませんでした、何も買いませんでした

⑦　きのうは母の誕生日でした、手紙を書きました

⑧　毎日お酒を飲んでいました、病気になりました

⑨　頭が痛いです、早く帰ります

⑩　車の免許をとりました、早く新しい車が運転したいです

自習問題

1．V- う／よう

① 読む　（　　　　　　）
② 買う　（　　　　　　）
③ 着る　（　　　　　　）
④ 勉強する　（　　　　　　）
⑤ 来る　（　　　　　　）

2．V- う／ようと思います

① 友だち、電話する　（　　　　　　）
② 車、買う　（　　　　　　）
③ 仕事、探(さが)す　（　　　　　　）
④ 単語(たんご)、覚(おぼ)える　（　　　　　　）
⑤ 部屋、掃除(そうじ)する　（　　　　　　）

3．S- そうです

① このCDはいいです。　（　　　　　　）
② この荷物(にもつ)は重(おも)いです。　（　　　　　　）
③ カンさんは元気です。　（　　　　　　）
④ あしたは晴(は)れます　（　　　　　　）
⑤ このドアは壊れます　（　　　　　　）

13 持ち出してはいけません

資料室

田中	あれ？『百科事典』がないなあ。
カン	あ、それなら、僕(ぼく)が借りて家で勉強しているんですけど。
田中	えっ？辞書は持ち出してはいけないんですよ。
カン	そうですか。知りませんでした。すみません。
田中	ま、今回はしょうがないけど、これからは気をつけてくださいね。
カン	はい。それで、あしたは学校に来ないので、あさって返してもいいですか。
田中	発表の準備で使いたいので、なんとかあしたまでに持ってきてくれませんか。
カン	わかりました。じゃ、今からとってきます。

あれ？	어?(기대 어긋)	これから	앞으로
百科事典(ひゃっかじてん)	백과사전	気(き)をつける	주의하다
僕(ぼく)	나(남자말씨)	あさって	모레
借(か)りる	빌리다	返(かえ)す	돌려주다
えっ？	네? 뭐?(놀람)	発表(はっぴょう)	발표
辞書(じしょ)	사전	準備(じゅんび)	준비
持(も)ち出(だ)す	반출하다	わかる	알다, 이해하다
今回(こんかい)	이번	とる	가지다, 잡다

必修表現

1 なあ

혼잣말을 하듯이 어떤 느낌을 나타내는 문말표현이다. '~구나, ~네'

今日(きょう)は暑いなあ。　　오늘은 참 덥네~

자신의 판단에 확신이 서지 않을 때(가벼운 의문, 반신반의)는 「かなあ」를 사용한다.

あしたも暑いかなあ。　　내일도 더울까...?

2 しようがない／しょうがない

체념하는 듯한 표현이다. '할 수 없다, 어쩔 수 없다'

時間がなかったから、しようがないですね。

시간이 없었으니까 어쩔 수가 없군요.

必死(ひっし)にやってだめなら、しょうがないですよ。

할 수 있는 데까지 해서 안된다면 어쩔 수 없지요.

상대방의 실수나 허물을 용서하거나 또는 허락하는 경우에도 쓴다.

A:　すみません。電車(でんしゃ)の事故(じこ)で遅(おく)れてしまいました。

저송합니다. 전차 사고로 늦어버렸습니다.

B:　まあ、しようがないですね。　　음, 하는 수 없군요.

A:　すみません。今日中(きょうじゅう)には終わらないですけど。

저송합니다. 오늘 중으로는 끝나지 않습니다만.

B:　まあ、しょうがないですね。　　뭐, 어쩔 수 없지요.

3 なんとか

상대방에게 부탁을 할 때, 또는 쉽지는 않지만 결과적으로 어떻게든 해결이 될 것이라는 예상을 표현한다. '제발, 어떻거든'

A：　あしたまでにできますか。　내일까지 할 수 있겠습니까?

B：　今日中になんとかやります。　오늘 중으로 어떻게 해보겠습니다.

A：　ちょっと無理(むり)ですね。　　좀 힘들겠네요.

B：　なんとかお願(ねが)いします。　　제발 부탁드립니다.

4 まで／までに

a.　3時までこの仕事をやってください。

b.　3時までにこの仕事をやってください。

위 두 문은 한국어로 번역하면 '3시까지 이 일을 하세요'로 같은 표현이 되지만, 일본어는 뜻에 차이가 있으므로 주의해야 한다.

a.는, 주어진 시간까지 행위가 계속 이루어진다는 의미이다. 반면 b.는 주어진 시간 내에 행위가 완료되면 된다는 의미이다. 따라서 b.는 '(늦어도) 3시까지는 일을 마치라'는 뜻이 된다.

4時まで休みましょう。　4시까지 쉽시다.

4時までに電話してください。　4시까지 전화해 주세요.

基本文型

1 V- てもいいですか

[V- 해도 됩니까?]

상대의 허가를 구할 때 쓰는 표현이다. 또한 공손한 의뢰 표현으로도 쓰인다.

電話使ってもいいですか。　　　　　전화 써도 괜찮습니까?

たばこをすってもいいですか。　　　담배를 피워도 됩니까?

이에 대한 대답으로, 괜찮다고 허락을 할 경우에는 「ええ、どうぞ」 또는 「ええ、いいですよ」라고 답한다. 그러나 「ええ、いいです」라고는 하지 않는다.

허락하지 않을 때는 두 가지의 표현이 있다.

たばこをすってもいいですか。 →

a. たばこをすってはいけません。　규칙에 따라 금지된 경우

b. たばこはちょっと…　　　　　　개인적으로 싫어하여 거절.

부정형은 「～なくてもいいですか」로 묻는다.

私は行かなくてもいいですか。　　나는 가지않아도 됩니까?

住所(じゅうしょ)は書かなくてもいいですか。　주소는 쓰지않아도 괜찮습니까?

허락할 경우에는 「ええ、かまいません」 또는 「ええ、いいですよ」라고 한다.

허락하지 않을 때는 「いいえ、来てください」「いいえ、書いてください」처럼 「～てください」를 쓴다.

2 V- てはいけません

[V- 하면 안됩니다]

규칙에 따른 금지의 표현으로, 윗사람이 아랫사람에게 금지시키는 경우에 많이 쓰이지만, 일상 회화에서는 가끔 쓰일 정도이다.

ここでは泳(およ)いではいけません。　　여기서는 수영하면 안됩니다.

부정형 「～なくてはいけません」은 의무를 나타낸다.

名前(なまえ)を書かなくてはいけません。 이름을 쓰지 않으면 안됩니다.

3 V- てくれませんか

[V- 해 주지 않겠습니까?]

공손한 의뢰의 표현이다.

写真を見せてくれませんか。　　사진을 보여주지 않겠습니까?

住所を教えてくれませんか。　　주소를 가르쳐주지 않겠습니까?

부정형 「～ないでくれませんか」는 상대에게 주의를 줄 때 사용되는 표현이다. 비슷한 표현으로 「～ないでください」가 있다.

勝手(かって)に見ないでくれませんか。　　함부로 보지 마세요.

たばこをすわないでくれませんか。　담배를 피지 마세요.

練習

1. V- てもいいですか

例）たばこがすいたいです。
　　→　たばこをすってもいいですか。

① お酒が飲みたいです。
② テレビが見たいです。
③ テニスがしたいです。
④ 鳥(とり)の写真がとりたいです。
⑤ 新しいコンピューターが使いたいです。
⑥ 薬が飲みたくありません。
⑦ 会議(かいぎ)に行きたくありません。
⑧ 今(いま)すぐ決(き)めたくありません。
⑨ 魚(さかな)が食べたくありません。
⑩ お金が出したくありません。

2. V- てはいけません

例）お酒を飲みます
　　→　お酒を飲んではいけません。

① ここに入(はい)ります
② 紙(かみ)を汚(よご)します
③ 写真をとります
④ 公園で自転車(じてんしゃ)に乗ります
⑤ 夜遅(よるおそ)く洗濯(せんたく)します
⑥ 部屋を片付(かたづ)けません
⑦ 薬を飲みません
⑧ 返事(へんじ)をしません
⑨ お金を払(はら)いません
⑩ 切手(きって)を貼(は)りません

3. V- てくれませんか

例）教科書、見せる
→ 教科書を見せてくれませんか。

① 電話番号（ばんごう）、教える
② ソウル、行く
③ スピーチ、する
④ このケーキ、食べる
⑤ レポート、書く
⑥ 作文（さくぶん）、見る
⑦ 松田（まつだ）先生、電話する
⑧ 免許証（めんきょしょう）、見せる
⑨ この本、貸（か）す
⑩ 車、のせる

4. V- てもいいですか

例）A: たばこをすってもいいですか。
→ B1: ええ、どうぞ。
B2: あの、たばこはちょっと。

① 夜、洗濯をしてもいいですか。
② 家でパーティーをしてもいいですか。
③ 朝（あさ）、お風呂（ふろ）に入（はい）ってもいいですか。
④ 夜遅くまでテレビを見てもいいですか。
⑤ この本を借（か）りてもいいですか。
⑥ 漫画（まんが）を読んでもいいですか。
⑦ ねこを飼（か）ってもいいですか。
⑧ 毎日、電話してもいいですか。
⑨ このケーキ、食べてもいいですか。
⑩ ここにかばんを置（お）いてもいいですか。

自習問題

1．V- てもいいですか

① ニュースが見たいです (　　　　　　　　)

② はさみが使いたいです (　　　　　　　　)

③ 窓が開けたいです (　　　　　　　　)

④ お酒が飲みたくありません (　　　　　　　　)

⑤ 部屋が掃除したくありません (　　　　　　　　)

2．V- てはいけません

① 公園に駐車(ちゅうしゃ)します (　　　　　　　　)

② お酒を飲みます (　　　　　　　　)

③ バイクに乗ります (　　　　　　　　)

④ 作文を書きません (　　　　　　　　)

⑤ 医者(いしゃ)に行きません (　　　　　　　　)

3．V- てくれませんか

① 住所、書く (　　　　　　　　)

② 説明書(せつめいしょ)、見せる (　　　　　　　　)

③ 電話番号、教える (　　　　　　　　)

④ ホチキス、貸(か)す (　　　　　　　　)

⑤ くつ、脱(ぬ)ぐ (　　　　　　　　)

14 締め切りは水曜日のはずです

レポートの締め切り

カン	橋本さん、火曜日締め切りの小林先生のレポートもう書きました？
橋本	えっ？締め切りは水曜日のはずですよ。
カン	あれっ？本当ですか。
橋本	ええ、小林先生は火曜日までオーストラリアに出張ですから、火曜日が締め切りのはずはないです。
カン	よかった、まだ半分しか書いていないんで、心配だったんですよ。
橋本	もう半分も書いたんですか。私は藤原先生のレポートを先に書こうと思って、まだ全然書いてないんですけど。
カン	えっ？レポート一本、どのくらいで書くんですか。
橋本	いつも一日(いちにち)で書きます。

締め切り(しめきり)	마감
本当だ(ほんとうだ)	정말이다
オーストラリア	호주(국가)
出張(しゅっちょう)	출장
半分(はんぶん)	반, 반 정도
心配(しんぱい)	걱정
先に(さきに)	먼저, 미리

全然(ぜんぜん)	전혀, 전연
一本(いっぽん)	한 편, 한 병

(영화 / 논문 / 맥주 등의 병 단위를 셀 때 쓴다. いっぽん、にほん、さんぼん、よんほん、ごほん...)

いつも	늘, 언제나

必修表現

1 よかった

'잘 됐다, 다행이다' 등으로 번역될 수 있으나, 상황에 따라 뉘앙스가 조금씩 다르다.

걱정하던 일이 좋은 방향으로 해결될 경우

A: 飛行機の予約、できましたよ。 비행기 예약 되었어요.

B: よかった。 아, 다행이다. 잘 됐네! (예를 들어 중요한 일로 외국에 가야 하지만 비행기 예약이 어려워서 걱정하던 상황)

이 표현은 항상 위와 같이 과거형으로만 쓰인다.

2 出張です

あしたから韓国に出張です。 내일부터 한국에 출장갑니다.

最近(さいきん)はずっと会社で仕事です。 최근에는 주욱 회사에서 일합니다.

朝から図書館で勉強です。 아침부터 도서관에서 공부하고 있어요.

일본어의 「～します／しています」로 표현할 행위(동사)를 명사화하여 「～です」로 쓰는 경우가 많다. 한국어로는 동사로 표현하는 것이 자연스럽다.

3 一日で ／ 時間で

'하루 만에' '~만에'

8과에서 배운 날짜읽기 「ついたち、ふつか、みっか…」는 달력 등에서 날짜를 나타내는 경우이지만, 기간을 나타낼 때는 「いちにち、ふつか、みっか…」로 표현한다. 「ふつか」 이후는 똑 같다.

기간 내에 무엇인가를 끝내는 경우에는 조사 「で」(~만에)를 붙여쓴다.

みっかで仕事を覚(おぼ)えました。 3일만에 일을 익혔습니다.

基本文型

1 | S |はずです

[| S |할 것이다 / 일 것이다]

당연히 그러하리라고 예정/예상되는 사항에 관해 언급하는 표현이다.

高橋(たかはし)さんが説明するはずです。 다카하시씨가 설명할 것입니다.

山田さんは来ないはずです。 야마다씨는 오지 않을 겁니다.

명사의 경우에는 「명사 + のはずです」, ナ형용사는 「ナ형용사 어간 + なはずです」가 된다.

金曜日は休みのはずです。 금요일은 쉬는 날일 거예요.

お好(この)み焼(や)きは福岡でも有名なはずです。

오코노미야키는 후쿠오카에서도 유명할 거예요.

과거형인 「はずだった/はずでした」는 당연히 좋은 결과가 예상되었었지만, 어떤 원인에 의해 달성되지 않았다는 것에 대한 유감의 뜻을 나타낸다. '~할 예정/참이었다(그러나 그렇게 되지않았다)'

一日(いちにち)で終わるはずだったが、終わらなかった。

하루 만에 끝날 예정이었지만 끝나지 않았다.

休みは旅行に行くはずだったが、仕事が終わらなかった。

휴가 때는 여행을 갈 예정이었지만, 일이 끝나지 않았다.

2 | S |はずは（／が）ない

[| S |할 리는/가 없다]

있을 수 없다거나 혹은 일어날 수 없다는 말할 이의 판단을 나타낸다.

田中さんが来るはずはない。 다나카씨가 올 리는 없다.

一日で終わるはずがない。 하루 만에 끝날 리가 없다.

3 N しか V- ない

[N 밖에 V- 지 않다]

1) (수)양이 극단적으로 적음을 나타낸다.

今は1,000円しかない。　　　　지금은 1,000 엔밖에 없다.

授業には10人しかこなかった。 수업에는 10명밖에 오지 않았다.

2) 가능한 여러가지 중에서 한 가지만을 들어서 그것만을 선택한다는 표현.

このかばんは赤(あか)しかないんですか。 이 가방은 빨강색밖에 없나요?

山田さんはビールしか飲まない。　　야마다씨는 맥주밖에 안 마신다.

한국어 '~만 했다'는 표현을 「～だけした」로 표현하는 경우를 가끔 보는데, 일본어로는 「～しか～ない」로 표현하는 경우가 많다.

休み中、勉強だけしました。 → 休み中、勉強しかしませんでした。

3) 「V しかない」형태로 선택의 여지가 없이 그것 밖에는 할 수 없다는 표현.

こっちが悪(わる)いんだから、謝(あやま)るしかないでしょう。

우리가 잘못했으니까 빌 수밖에 없잖아요.

他(ほか)にできる人がいないから、私が行くしかない。

달리 할 수 있는 사람이 없으니까 내가 갈 수밖에 없다.

(付記)

a. ちょっと高いけどこのビールしか買わない。

조금 비싸지만 이 맥주밖에 안산다.

b. ちょっと高いけどこのビールを買うしかない。

조금 비싸지만 이 맥주를 살 수밖에 없다.

a는, 여러가지 맥주가 있지만 이 맥주를 좋아하니까 이것만 산다는 뜻이다. b는, 맥주가 꼭 필요하지만 이 맥주 밖에 없어서 하는 수 없이 이 맥주를 살 수밖에 없다는 뜻이다.

(付記) 「しか」가 다른 조사와 함께 쓰일 경우에는 「～でしか、～にしか」처럼 다른 조사 뒤에 붙는다.

練習

1. [S]はずです

例）キムさんも行きます。
　　→ キムさんも行くはずです。

① 日曜日は休みます。
② 電車の方が速(はや)いです。
③ お金がたくさんかかります。
④ 景色(けしき)はきれいです。
⑤ レポートを書きます。
⑥ パクさんも知(し)っています。
⑦ チェさんは行きません。
⑧ 佐藤(さとう)さんが電話しました。
⑨ 吉田(よしだ)さんは韓国に来たことがあります。
⑩ パクさんは山田さんに会ったことがありません。

2. [S]はずはありません

例）キムさんは出張です、会社に来ます
　　→ キムさんは出張なので、会社に来るはずはありません。

① キムさんは学生です、お金をたくさん持(も)っています
② あの店はおいしくありません、お客(きゃく)がたくさん来ます
③ 田中さんはまじめです、遅刻(ちこく)します
④ パクさんはお酒が大好(だいす)きです、飲(の)み会(かい)に来ません
⑤ 橋本さんは勉強が嫌(きら)いです、試験に合格(ごうかく)します

⑥　きのう連絡しました、知りません
⑦　あしたは休みです、きょうも休みです
⑧　だれでも使うことができます、資格が必要です
⑨　たばこをすいません、ライターを持っています
⑩　パソコンを持っていません、ソフトだけ買います

3．［N］しか［V-］ない

例）コーヒーがあります。
　　→　コーヒーしかありません。

①　この本があります。
②　ビールを飲みます。
③　クラシックをききます。
④　スーツを着ます
⑤　食べ物を買います。
⑥　ニュースを見ます。
⑦　キムさんに教えます。
⑧　ソウルに行きます。
⑨　この店で食べたことがあります。
⑩　日本語を勉強しています。

4．［時間］で

例）２時間、この本、読む　→　２時間でこの本を読んでください。

①　５分間、名前、覚える
②　１日、レポート、書く
③　３時間、パソコン、なおす
④　１時間、書類、準備する
⑤　３０分、全部、食べる
⑥　３日、この仕事、終える

自習問題

1． [S]はずです

① パクさんは学校です。 (　　　　　)

② 電車の方が速いです。 (　　　　　)

③ 夜はしずかです。 (　　　　　)

④ チェさんも行きます。 (　　　　　)

⑤ 山田さんは帰りました。 (　　　　　)

2． [N]しか[V-]ない

① ビールがあります。 (　　　　　)

② ワープロを使います。 (　　　　　)

③ 本を買いました。 (　　　　　)

④ お酒を飲みました。 (　　　　　)

⑤ 勉強をしました。 (　　　　　)

3． [時間]で

① 3日、答(こた)え、出(だ)す (　　　　　)

② 20分、準備、する (　　　　　)

③ 3時間、部屋、掃除する (　　　　　)

④ 1時間、料理(りょうり)、作(つく)る (　　　　　)

⑤ 1日、レポート、書く (　　　　　)

15 プレゼンを作らなければならない

安売り

橋本	カンさん、この前ノートパソコン欲しいっていってましたね。ヤマダ電気で安売りをしているそうですよ。
カン	そうですか。でも、来週までにプレゼンを作らなければならないので、先週生協で買ってしまいました。
橋本	何を買ったんですか。
カン	ソニーの１４型(じゅうよんがた)です。８万円でした。
橋本	ソニーなら、ヤマダ電気では６万円で売ってましたよ。
カン	えっ、２万円も安いんですか。あ〜あ、あわてて買わなければよかった。
橋本	でも、ヤマダ電気のはちょっと古い機種ですし、展示品でした。
カン	でも、２万円あれば、いっぱいお酒が飲めたのに。旅行だってできたのになあ。

この前(まえ)	요 전(에)
電気(でんき)	전기(여기선 상호)
安売り(やすうり)	세일
先週(せんしゅう)・来週(らいしゅう)	지난주/다음주
プレゼン	프리젠테이션
作る(つくる)	만들다
あわてる	허둥대다
機種(きしゅ)	기종
展示品(てんじひん)	전시품, 진열품
いっぱい	가득, 양껏, 한잔
お酒(さけ)	술, 일본 술
旅行(りょこう)	여행
だって	~도, 조차도
できる	가능하다, 할 수 있다

必修表現

1　っていってましたよね

'~라고 했었죠?'라는 뜻을 가지지만, 화제를 이끌어 내기 위해 상대가 이전에 한 말을 확인을 하는 표현. 상대에게 직접 들은 내용에 관한 언급이다.

A:　今度(こんど)日本に行くって言(い)ってましたよね。

이번에 일본에 간다고 했었죠?

B:　ええ、来週出発(しゅっぱつ)ですが。　예, 다음주에 출발입니다만.

A:　ちょっとお願(ねが)いがあるんですけど。　좀 부탁이 있는데요.

상대에게 직접 들은 것이 아니라 제 3 자에게 들은 내용을 전하는 표현은 뒤 [기본문형 3]에서 익히게 된다. 차이를 잘 이해해 두자.

2　～なら

1) 한번 나온 화제를 받아서, 그 화제에 대해 설명하는 표현으로, 한국어 '~라면,~에 관해 말한다면'.

A:　たばこ売(う)ってませんか。　담배 안팝니까?

B:　たばこなら売店(ばいてん)にありますよ。　담배라면 매점에 있어요.

2) [A는 B가 최고다]라는 의미로 「AならBだ」를 많이 쓴다.

食べ物なら、チョンラドーです。　먹거리라면 전라도예요.

すしなら、あの店が一番です。　스시라면 저 가게가 제일이에요.

3) 여러가지 선택지 중에서 이것에 한해 말한다면 어떠어떠하다고 설명하는 표현.

田中さんなら、なんとかできるでしょう。

다나카씨라면 어떻게든 할 수 있겠죠.

ソウルなら、行ったことがあります。

서울이라면 간 적이 있습니다.

4) 가정의 조건을 나타내는 표현으로도 쓰인다.

田中さんが保証人(ほしょうにん)なら安心(あんしん)ですね。　다나카씨가 보증인이라면 안심입니다.

車で行くなら、これ持って行ってね。　차로 간다면 이것 갖고 가 줘.

3 S のに

예상에 반한 결과에 대한 표현. '~인데도 (불구하고)'
기본형에 접속한다. 단, 명사는 ナ형용사 처럼 명사에 「なのに」를 접속한다.

一生懸命勉強したのに不合格だった。

열심히 공부했는데도 (불구하고) 불합격이었다.

早起きしたのに遅刻してしまった。 일찍일어났는데도 지각했다.

お正月なのにバイトに行かなければならない。

설날인데도 아르바이트하러 가야만 한다..

이미 이루어진 행위에 대해, 만약 그 행위를 하지 않았다면 여러 가지를 할 수 있었을 것이라는 후회의 표현. '~했으면 ~했을텐데'

お酒を飲まなければ、合格できたのに。

술을 안 마셨으면 합격했을텐데.

旅行に行かなければ、お金もあったのに。

여행을 가지 않았으면 돈도 있었을텐데.

4 ～ばよかった

이미 해 버린 것에 대한 후회의 표현. '~면 좋았을 걸'

ちゃんと勉強しておけばよかった。 제대로 공부해 뒀으면 좋았을 걸.

こんな会社に入らなければよかった。

이런 회사에 입사하지 않았으면 좋았을 것을.

5 ～し

이유가 둘 이상 있을 때 나열하여 말하는 표현. '~이고'

仕事も忙しいし、お金もないし、ちょっとつらいですね。

일도 바쁘고, 돈도 없고, 좀 괴롭군요.

料理はおいしいし、値段も安いし、いい店ですよ。

음식은 맛있고, 값도 싸고, 좋은 가게입니다.

基本文型

1 V- ば

[V- 면]

가정을 나타내는 표현. 접속형태는 다음과 같다.

1류동사: 어미「う段」을 「え段」으로 바꾸어서 「ば」를 붙인다.

会う → 会えば　　　書く → 書けば

2류동사: 어미「る」를 떼고「れば」를 붙인다.

いる → いれば　　　たべる → たべれば

3류동사: くる → くれば　　する → すれば

イ형용사: 어미「い」를 떼고「ければ」를 붙인다.

遅(おそ)い → 遅ければ　　　安い → 安ければ

ナ형용사: 어미「だ」를 떼고「ならば」를 붙인다.

元気だ → 元気ならば

명사: 명사에 「ならば」를 붙인다.

学生 → 学生ならば

부정형의 가정표현은 각각의 [ない형]에 「なければ」를 붙인다.

行く → 行かなければ　　　高い → 高くなければ

しずかだ → しずかじゃなければ　　　学校 → 学校じゃなければ

ちゃんと勉強すれば合格しますよ。

제대로 공부하면 합격할 겁니다.

安ければ買いますけど。　　싸다면 사겠습니다만.

きれいならばそこに決(き)めます。　　깨끗하면 그곳으로 정하겠습니다.

2 V- なければならない

[V- 하지 않으면 안된다 / 해야만 한다]

의무를 나타내는 표현이다.

きょうは早く帰らなければならない。 오늘은 일찍 돌아가야만 한다.

今週中(こんしゅうちゅう)にレポートを書かなければならない。

이번주 안에 리포트를 쓰지 않으면 안된다.

3 S そうです

[S 라고 합니다]

제 3자로부터 들은 정보를 전하는 표현. 접속은 평상체에 한다.

12과에서 배운 「S- そうだ」와는 접속과 의미가 다르므로 주의해야 한다.

イ형용사

おいしそうだ。 맛있을 것 같다.(직접 보고 내리는 판단)

おいしいそうだ。 맛있다고 한다.(남한테 들은 바를 전함)

동사

仕事は今日中(きょうじゅう)に終わりそうです。 일은 오늘 중으로 끝날 것 같아요.

仕事は今日中に終わるそうです。 일은 오늘 중으로 끝난다고 합니다.

ナ형용사와 명사에 접속할 때는 「だそうだ」가 되는 점에 주의.

田中さんは親切だそうです。 다나카씨는 친절하다고 합니다.

山田さんは出張だそうです。 야마다씨는 출장이라고 합니다.

앞 [필수표현 1]에서 공부한 '상대에게 직접 들은' 표현과의 쓰임의 차이를 잘 이해해 두어야 한다.

4 V- てしまう

[V- 해 버리다]

동작이 완료함을 나타낸다.

時間がかかると思ったが一日(いちにち)で終わってしまった。

시간이 걸리리라 생각했지만 하루 만에 끝나 버렸다.

来週(らいしゅう)は遊びたいので、レポートをもう書いてしまった。

다음 주는 놀고 싶어서 리포트는 벌써 써 버렸다.

후회나 유감의 기분을 나타낼 때도 있다.

うっかりして、コップを壊(こわ)してしまいました。

무심결에 컵을 깨 버렸습니다.

ロッテはコリアンシリーズで負(ま)けてしまいました。

롯데는 코리안시리즈에서 져 버렸습니다.

회화체에서는 「てしまう」를 「ちゃう」로 많이 쓴다.

A: あれ、ケーキがない。 어, 케이크가 없네.

B: ああ、さっき食べちゃった。 아, 아까 먹어 버렸어.

A: 会議、まだやってる？ 회의 아직 하고 있어?

B: とっくに終わっちゃいましたよ。 벌써 끝나 버렸어요.

練習

1. V- ば

例） 聞く → 聞けば

① 食べる
② 飲む
③ 走る
④ 考える
⑤ 見る
⑥ 準備する
⑦ 決まる
⑧ 帰る
⑨ 来る
⑩ 行く
⑪ 着る
⑫ やめる

2. V- ば

例） この薬を飲みます、気分がよくなります
→ この薬を飲めば気分がよくなります。

① タクシーで行きます、間に合います
② 家に帰ります、ごはんがあります
③ 何度も練習します、上手になります
④ 走りません、間に合いません
⑤ おいしいです、何度も行きます
⑥ 大きいです、取り替えます
⑦ 熱がありません、学校に行きます
⑧ 説明書に書いてあります、分かります
⑨ パソコンを使ったことがあります、簡単です
⑩ コンピューターを使います、すぐに終わります

３． [V-]なければならない

例）あした、この本、読む
　　→　あしたまでにこの本を読まなければならない。

① 水曜日、レポート、書く
② １２時、書類、準備する
③ 月曜日、森(もり)さん、連絡する
④ １０月、先生、相談(そうだん)する
⑤ ４月、パソコン、覚(おぼ)える
⑥ 来週、車、買う
⑦ １時、ごはん、食べる
⑧ 火曜日、アイデア、考える
⑨ あさって、切符(きっぷ)、予約する
⑩ 日曜日、本、返(かえ)す

４． [S]そうです

例）キムさんは会社をやめます
　　→　キムさんは会社をやめるそうです。

① 北海道は寒いです
② このケーキはおいしくありません
③ 田中さんは元気です
④ この部屋はしずかじゃありません
⑤ ここは銀行でした
⑥ 料理はおいしくありませんでした
⑦ パクさんは旅行に行きます
⑧ 山田さんは風邪(かぜ)を引(ひ)きました
⑨ キムさんは試験に合格しました
⑩ 鈴木さんは旅行に行きませんでした

5. [S]のに[V-]てしまいました

例）一生懸命（いっしょうけんめい）準備しました、失敗（しっぱい）しました

→ 一生懸命準備したのに失敗してしまいました。

① コーヒーを飲みました、眠（ねむ）りました

② 十分注意（じゅうぶんちゅうい）していました、けがをしました

③ あしたは試験があります、夜遅くまでお酒を飲みました

④ このカップは高かったです、壊（こわ）しました

⑤ お金がありません、さいふを落（お）としました

⑥ 昔（むかし）読んだことがあります、忘（わす）れました

⑦ 最後（さいご）の一個（いっこ）です、食べました

⑧ この本は持（も）っています、もういっさつ買いました

⑨ きょうは休みです、学校に行きました

⑩ 書類は作（つく）ってありました、なくしました

自習問題

1．V-ば

① 着る　(　　　　)

② 帰る　(　　　　)

③ 準備する　(　　　　)

④ 会う　(　　　　)

⑤ 食べる　(　　　　)

2．V-なければならない

① 月曜日、テスト、作る　(　　　　)

② １２時、ごはん、食べる　(　　　　)

③ ３時、学校、戻(もど)る　(　　　　)

④ 来週、パソコン、買う　(　　　　)

⑤ あさって、お金、返(かえ)す　(　　　　)

3．Sそうです

① あの店はおいしいです。(　　　　)

② お酒は安くありませんでした。(　　　　)

③ 北海道はしずかです。(　　　　)

④ キムさんは6時に起(お)きます。(　　　　)

⑤ 橋本さんは旅行に行きました。(　　　　)

16 飛行機でも行ける

九州旅行

今度の冬休みには九州（きゅうしゅう）に旅行に行こうと思っているが、何で行くのがいいか少し調べてみた。九州なら新幹線でも、飛行機でも行けるし、また、高速バスもあることがわかった。

急ぐならやはり飛行機の方がいいと思う。また、福岡の空港は街まで地下鉄で行けるから便利だろう。

もし時間があるなら高速バスが一番安い。今回は高速バスにする。一人でゆっくりしたいからだ。生協に電話してみた。

「早めに予約しておくと切符を安く買えるので、早く日程を決めた方がいいでしょう。」　「なるほど、じゃ、そうします。」

これで僕の初めての九州旅行はほぼ決まった。

少し（すこ）	조금
調べる（しら）	조사하다
高速バス（こうそく）	고속버스
急ぐ（いそ）	서두르다
やはり	역시
空港（くうこう）	공항
街（まち）	시내, 번화가
一人で（ひとり）	홀로, 혼자서
ゆっくりする	여유롭게 지내다

早めに（はや）	일찍, 미리
予約（よやく）	예약
切符（きっぷ）	표, 티켓
日程（にってい）	일정, 스케줄
決める（き）	결정하다
なるほど	과연, 역시(맞장구)
初めての	첫, 처음의
ほぼ	거의, 대체로
決まる（き）	결정되다

必修表現

1　〜だろう／でしょう

말할 이의 판단이나 예상을 나타내는 표현. '~겠지 / ~겠지요'
「〜だろう」는 평상체,「〜でしょう」는 공손체이지만, 「〜だろう」는 혼잣말로 쓰이는 경우도 많다.
동사와 イ 형용사의 평상체에 접속하고, ナ 형용사의 어간과 명사에 그대로 접속한다.

佐藤(さとう)さんは来るだろう。　사토씨는 오겠지/올거야.
佐藤さんは来るでしょう。　사토씨는 오겠지요.
田中さんは会社でしょう。　다나카씨는 회사겠지요.(회사에 있겠지요)

「〜でしょうか」는 상대에 대한 완곡한 표현이 되어서「〜ですか」보다 더욱 공손한 느낌을 준다.

これでいいでしょうか。　이것으로 괜찮을까요?
お金は足(た)りるでしょうか。　돈은 충분할까요?

2　〜にする

말할 이의 의지에 의한 결정이나 선택을 나타낸다. '~(으)로 하겠다'

私はコーヒーにします。　나는 커피로 하겠습니다.
出発(しゅっぱつ)は月曜日にします。　출발은 월요일로 하겠습니다.

「〜ましょう」「〜ませんか」의 형태로 상대에게 결정이나 선택을 구하거나 권유한다.

ホテルは安いところにしましょう。　호텔은 싼 곳으로 합시다.
これで終わりにしませんか。　이것으로 마치지 않겠습니까?

3　S と

평상체에 접속하여 가정의 조건을 나타낸다. '~면'

雨が降(ふ)るとバスが混(こ)む　비가 오면 버스가 붐빈다.
風邪(かぜ)を引(ひ)くとこの薬を飲む　감기 들면 이 약을 먹는다.

14 과에서 배운 「〜ば」와 달리, '~하면 거의 반드시 ~하다'는 식으로 구조적으로 결정된 조건과 결과의 관계를 나타낸다.

基本文型

1 V- える／られる

[V- 할 수 있다]

능력이나 상황에 따라 가능하다는 표현.

1류동사: 어미「う段」을 「え段」으로 바꾸어서 「る」를 붙인다.

会う → 会える　　書く → 書ける

2류동사: 어미「る」를 떼고「られる」를 붙인다

見る → 見られる　　食べる → 食べられる

3류동사: くる → こられる　する → できる

이 형태의 활용형은 모두 2류동사와 같은 활용을 한다.

書ける → 書けます、書けない、書けて、書けた……

見られる → 見られます、見られない、見られて、見られた……

한국어의 경우, '~을 ~할 수 있다'처럼 조사 '을/를'을 쓰지만, 일본어의 가능표현은 일반적으로 조사 「が」를 쓴다는 점에 주의해야 한다.

ビールを飲む → ビールが飲める

그러나, 「乗(の)る」는 일반적으로 「バスに乗れる」처럼 쓰인다.

イさんは9時までに来(こ)られますか。　이**씨는 9시까지 올 수 있나요?

辛(から)いものも食べられますか。　매운 것도 먹을 수 있습니까?

ゆっくり話(はな)せる店がいいですね。

편안히 얘기할 수 있는 가게가 좋겠군요.

(付記) 1) 이 외에 가능표현을 「V ことができる」로 할 수도 있다.

書ける ＝ 書くことができる　　見られる ＝ 見ることができる

2)「分(わ)かる 알다」는 가능표현이 없다. 그 자체로 가능의 뜻을 가진다. 그리고 이 동사는 항상 앞에 조사 「が」를 쓴다.

欠席(けっせき)の理由(りゆう)が分からない。　결석(한) 이유를 알 수 없다.

2 V- ておく

[V- 해 두다]

어떤 준비를 위해 미리 무엇을 해 둔다는 표현.

部屋を掃除しておきます。　　방을 청소해 둡니다(두겠습니다).

切符(きっぷ)を買っておきます。　　표를 사 두겠습니다.

「～ておきます」는 앞으로 준비해 두겠다는 표현인 반면, 이미 준비해 두었다는 표현은 「～ておきました」「～てあります」로 표현한다.

車を洗(あら)っておきました。　　자동차를 씻어(세차) 두었습니다.

ビールを冷(ひ)やしてあります。　　맥주를 차게 해 두었습니다.

3 V 方がいい

[V 하는 편이 좋다]

상대에게 어드바이스를 할 때의 표현. 동사의 경우 [た형]이 되는 점에 주의한다.

きょうは休んだ方(ほう)がいいです。　　오늘은 쉬는 편이 좋아요.

この本は読んだ方がいいですよ。　　이 책은 읽는 편이 좋습니다.

부정표현은 「～ない方(ほう)がいい」이다.

あまりお金は使(つか)わない方がいいですよ。

너무 돈은 쓰지 않는 게 좋습니다.

お酒は飲まない方がいいでしょう。

술은 마시지 않는 편이 좋겠지요.

練習

1. V- える／られる

例）話す → 話せる

① 走る
② 読む
③ 書く
④ 見る
⑤ 聞く
⑥ 勉強する
⑦ 行く
⑧ 食べる
⑨ 飲む
⑩ 考える
⑪ やめる
⑫ 来(く)る

2. N が V- える／られる

例）日本語を話します。
　　→ 日本語が話せますか。

① 辛(から)いものを食べます。
② 地下鉄で来ます。
③ 漢字(かんじ)を読みます。
④ ２００メーター泳ぎます。
⑤ １０キロメーター走ります。
⑥ 大学からカンアンリーまで歩(ある)きます。
⑦ 着物(きもの)を一人(ひとり)で着ます
⑧ 生協でチケットを予約します。
⑨ 釜山から大邱(テグ)までバイクで行きます。
⑩ 図書館で雑誌(ざっし)を借ります。

3．V- ておく

例）お金、用意(ようい)する
　→　お金を用意しておいてください。

① 昼ご飯、食べる
② 部屋、掃除する
③ ビール、冷やす
④ 教科書(きょうかしょ)、買う
⑤ 電話番号、調べる
⑥ パクさん、連絡する
⑦ 先生、相談する
⑧ 第２章(しょう)、読む
⑨ 両親(りょうしん)、伝(つた)える
⑩ いらないもの、捨(す)てる

4．V 方がいいです

例）毎日薬を飲みます。
　→　毎日薬を飲んだ方がいいですよ。

① 病院(びょういん)に行きます。
② 家で寝ます。
③ バスで来ます。
④ 先生に相談します。
⑤ コンピューターを使います。
⑥ 肉(にく)をたくさん食べません
⑦ たばこを吸(す)いません。
⑧ あの店には行きません。
⑨ あまり授業をサボりません
⑩ 試験の前の日(ひ)に徹夜(てつや)はしません。

5．［S］と

例）雨が降ります、バスが混みます
　　→　雨が降るとバスが混みます。

① 本を読みます、眠（ねむ）くなります
② この薬を飲みます、よくなります
③ 渋滞（じゅうたい）します、1時間かかります
④ 家に帰ります、まずごはんを食べます
⑤ 日曜日です、あまり渋滞しません
⑥ 高いです、買いません
⑦ 授業をしません、学生が喜（よろこ）びます
⑧ たばこを吸いません、調子（ちょうし）がいいです
⑨ 電話をかけます、奥（おく）さんが出（で）ます
⑩ 暑いです、外（そと）に出ません

自習問題

1. [N]が[V-]える／られる

① お酒を飲みます。　(　　　　　　　　)

② フランス語を読みます。　(　　　　　　　　)

③ 自転車(じてんしゃ)に乗ります。　(　　　　　　　　)

④ 車を買います　(　　　　　　　　)

⑤ このスーツを着ます。　(　　　　　　　　)

2. [V-]ておく

① レポート、書く　(　　　　　　　　)

② 荷物(にもつ)、準備する　(　　　　　　　　)

③ 部屋、片付(かたづ)ける　(　　　　　　　　)

④ お米(こめ)、買う　(　　　　　　　　)

⑤ 連絡先(れんらくさき)、教える　(　　　　　　　　)

3. [V]方がいいです

① 薬を飲みます。　(　　　　　　　　)

② ワープロで書きます。　(　　　　　　　　)

③ お金を貯(た)めておきます。　(　　　　　　　　)

④ 車を運転しません。　(　　　　　　　　)

⑤ 何も買いません。　(　　　　　　　　)

17 翻訳の仕事を頼まれる

春休みに帰る

あと1ヶ月(いっかげつ)で今年も終わりだ。きのう山田さんに、韓国に帰らないのか、と聞かれた。今なら飛行機の切符も間(ま)に合(あ)うだろうとも言われた。私もお正月は韓国に帰って家族と一緒に過ごしたい。しかし、知人に翻訳の仕事を頼(たの)まれたので、残念ながら今年は国に帰れない。そんなの断ればいいじゃないか、と思われるかもしれない。だが、日本に来るときに随分お世話になった人だし、あちこちに頼んだけど、全部断られたみたいだ。山田さんは、翻訳の仕事(しごと)はホンさんに頼んでみたらどうか、と言った。しかし、ホンさんも論文で忙(いそが)しいらしい。この前の発表のとき、「これじゃ間に合わない」って先生に怒られたそうだ。仕方がない。

韓国には春休みに帰ることにする。

あと	앞으로
終(お)わり	끝, 끝남
お正月(しょうがつ)	설날
家族(かぞく)	가족
過(す)ごす	지내다
翻訳(ほんやく)	번역
そんなの	그런 것 따위
断(ことわ)る	거절하다
だが	그렇지만, 하지만
随分(ずいぶん)	꽤, 많이
あちこちに	여기저기에
全部(ぜんぶ)	전부
論文(ろんぶん)	논문
発表(はっぴょう)	발표
怒(おこ)る	화내다
仕方(しかた)がない	하는 수 없다

必修表現

1　間に合う

시간이나 금액 등의 필요치를 충족하기에 충분하다는 뜻.

9時に出れば、間(ま)に合(あ)います。

9시에 나가면 충분하다(시간에 댈 수 있다).

1万(まん)円で間に合うでしょうか。　　만엔으로 충분할까요?

2　〜ようだ／〜みたいだ／〜らしい

뭔가 분명하지 않은 것에 대한 말할 이의 예상과 추측을 나타낸다.

「〜ようだ」「〜みたいだ」는 주로 시각적인 정보 혹은 말할 이의 주관적 판단에 의한 추측을 나타낸다. '~인 것 같다'

きょうは休みのようだ。　　오늘은 휴일 같다.

事故(じこ)があったみたいだ。　　사고가 있었던 것 같다.

「〜らしい」는 주로 들은 정보 또는 객관적인 근거에 의한 추측을 나타낸다.

佐藤さんは会社を辞(や)めるらしい。사토씨는 회사를 그만두는 것 같다.

山田さんは彼女ができたらしい。　야마다씨는 애인이 생긴 것 같다.

(付記)　접속은 다음과 같이 한다.

① 「Nのようだ」　「NAなようだ」　「A/Vようだ」

② 「N/NA/A/Vみたいだ」　「N/NA/A/Vらしい」

基本文型

1 V- れる／られる

수동표현. 한국어에서는 수동표현을 하지 않는 경우에도 일본어는 수동표현으로 나타내는 등 사용빈도가 높으므로 잘 익혀두어야 한다.

1류동사: 어미「う段」을 「あ段」으로 바꾸어서 「れる」를 붙인다.

買う → 買われる　　書く → 書かれる

2류동사: 어미「る」를 떼고「られる」를 붙인다.

見る → 見られる　　食べる → 食べられる

3류동사: くる → こられる　する → される

이 형태의 활용형은 모두 2류동사와 같은 활용을 한다.

書かれる → 書かれます、書かれない、書かれて、書かれた……

見られる → 見られます、見られない、見られて、見られた……

1) 직접수동 : 「母が私をしかった(엄마가 나를 꾸중했다)」 ― 「私が母にしかられた(내가 엄마에게 꾸중들었다)」와 같이 영향을 받는 대상이 주어가 되는 표현이다. 상황에 따라 주어가 누구인지 알 수 있는 경우 주어는 흔히 생략되기도 한다.

コップを壊して、母にしかられた。

컵을 깨서 엄마한테 꾸중들었다.

財布(さいふ)をなくして、友だちに馬鹿(ばか)にされた。

지갑을 잃고 친구에게 바보취급 당했다.

직접수동은 동작을 행한 인물이 불분명하거나 언급할 필요가 없을 때도 자주 쓰인다.

車が盗(ぬす)まれる事件(じけん)がよく起きている。

차가 도난당하는 사건이 자주 일어난다.

奈良(なら)の東大寺(とうだいじ)は約(やく)1,250年前(まえ)に作られた。

나라의 도다이지는 약 1,250년 전에 만들어졌다.

3) 간접수동 : 직접적인 관계가 없는 제 3자의 행위에 의해 어느 인물이 피해를 입거나 혹은 영향을 받았을 경우에 수동표현을 흔히 쓰는데, 이를 간접수동이라고 한다.

弟(おとうと)にケーキを食べられた。 [동생이 케이크를 먹었다. 그로 인해 나는 케이크를 먹지 못하는 피해를 입었다]는 의미.

母に日記(にっき)を見られた。 [엄마가 일기를 보았다. 그로 인해 나는 기분이 상했다, 화가 났다 등등]의 의미.

2 S かもしれない

[S 지도 모른다]

단정은 할 수 없지만, 그럴 가능성이 있다는 표현. '~지도 모른다'

山田さんも来るかもしれない。 야마다씨도 올지 모른다.

あしたは雨かもしれない。 내일은 비일지도(비가 올지도) 모른다.

その話、本当(ほんとう)かもしれない。 그 이야기, 진짜일지도 모른다.

「～かもしらない」로 쓰지 않도록 주의한다.

3 S- たら

[S- 라면]

가정 표현

[た형]에 「ら」를 접속한 형태이다.

時間があったら遊びに行きます。 시간이 있으면 놀러 갈께요.

安かったら買ってきてください。 싸다면 사다 주세요.

金持ちだったら買えますけど。 부자라면 살 수 있습니다만.

「동사 + たら」뒤에 「どうですか」를 붙여서, 상대에게 어드바이스/권유를 하는 표현으로 많이 쓰인다. 친구 사이라면 그냥「동사 + たら」만으로도 쓰인다.

医者(いしゃ)に行ったらどうですか。 병원에 가는 게 어때요?

みかちゃん、遊びに来たら。 미카짱, 놀러오지 그래?

4 V ことにする／～ことになる

[V 하기로 하다 / 되다]

1) ことにする： 자신의 의지로 어떤 일을 하기로 결정한다는 표현.

　会社を辞(や)めることにしました。　　회사를 그만두기로 했습니다.

2) ことになる： 제 3자의 결정에 의해 어떤 일이 이루어진다는 표현.

　会社の都合(つごう)で転勤(てんきん)することになりました。

　　회사 사정으로 전근하게 되었습니다.

　履歴書(りれきしょ)はメールで送ってもいいことになりました。

　　이력서는 이메일로 보내도 되게 되었습니다.

자신의 결정이더라도 완곡하게 말할 때는 「なる」쓴다.

　今度結婚(こんどけっこん)することになりました。

　　이번에 결혼하게 되었습니다.

練習

1. V-れる／られる

例）読む　→　読まれる

① 書く
② 聞く
③ 見る
④ 邪魔（じゃま）する
⑤ 買う
⑥ 食べる
⑦ 飲む
⑧ 騒（さわ）ぐ
⑨ 来る
⑩ 行く
⑪ 帰る
⑫ 盗（ぬす）む

2. N1は N2に V-れる／られる

例）私、弟がケーキを食べました
　　→　私は弟にケーキを食べられてしまいました。

① 佐藤さん、友だちがジュースを飲む
② 私、パクさんが文句（もんく）を言う
③ 田中さん、山田さんが恋人（こいびと）の写真を見る
④ 橋本さん、犬（いぬ）がかむ
⑤ チェさん、となりの人が大声（おおごえ）で騒ぐ
⑥ 松田さん、妹が時計（とけい）を壊す
⑦ 警察（けいさつ）、犯人（はんにん）が逃（に）げる
⑧ 社長（しゃちょう）、部下（ぶか）が急（きゅう）に会社を辞める
⑨ 中村さん、誰（だれ）かが車にいたずらをする
⑩ 高橋さん、誰かが大切（たいせつ）な本を汚（よご）す

3-1. V ことにしました

> 例）頭（あたま）が痛（いた）いのできょうは学校を休みます。
>
> → 頭が痛いのできょうは学校を休むことにしました。

① チェさんは日本に留学（りゅうがく）します。

② 鈴木さんは会社を辞めます。

③ キムさんはレストランでアルバイトをします。

④ 佐藤さんは新しいパソコンは買いません。

⑤ パクさんは旅行に行きません。

3-2. V ことになりました

> 例）キムさんは結婚します。
>
> → キムさんは結婚することになりました。

⑥ 旅行について２時からみんなで話（はな）し合（あ）います。

⑦ 研究室でたばこを吸ってはいけません。

⑧ 免許（めんきょ）を取（と）る人は講習（こうしゅう）を受（う）けなければいけません。

⑨ 学生が自由（じゆう）にコピーを使ってもいいです。

⑩ 大学に車をとめてもいいです。

4. S- たら

> 例）キムさんに会います、話します
>
> → キムさんに会ったら、話します。

① この仕事が終わります、帰ります

② あの店より安いです、買います

③ ごはんを食べます、続（つづ）けます

④　6時までに来ません、電話します

⑤　学校まで歩いて行きました、遅刻しました

⑥　時間が分かります、教えてください

⑦　この薬を飲みます、気分がよくなります

⑧　このレポートを書きます、帰ってもいいです

⑨　日本語の小説が読めます、おもしろいです

⑩　カラオケに行きます、10曲歌います

5．S ようです

> 例）キムさんは風邪を引きました。
>
> 　　　→　キムさんは風邪を引いたようです。

①　チェさんは学生です。

②　あの店はあまりおいしくありません。

③　キムさんは日本に留学します。

④　ヘウンデに新しいデパートができます。

⑤　パクさんはあまりお金がありません。

⑥　佐藤さんはドイツ語が話せます。

⑦　鈴木さんは旅行の準備をしています。

⑧　松田さんはお酒が大好きです。

⑨　ここに車をとめてはいけません。

⑩　木曜日までにレポートを出せばいいです。

自習問題

1. [N1] は [N2] に [V-] れる／られる

① 田中さん、雨が降る　　(　　　　　　　　)

② 私、パクさんが日記を読む　　(　　　　　　　　)

③ チェさん、キムさんが悪口(わるくち)を言う　　(　　　　　　　　)

④ 松田さん、猫(ねこ)が引(ひ)っかく　　(　　　　　　　　)

⑤ 山田さん、弟がテレビを壊す　　(　　　　　　　　)

2. [V] ことにしました

① 田中さんは音楽祭(おんがくさい)に参加(さんか)します。　　(　　　　　　　　)

② 佐藤さんはスピーチをしません。　　(　　　　　　　　)

③ カンさんは車を買います。　　(　　　　　　　　)

3. [V] ことになりました

① 鈴木さんは大学に入学(にゅうがく)します。　　(　　　　　　　　)

② キムさんは会社で働(はたら)きます。　　(　　　　　　　　)

③ 学生がコピーを使ってもいいです。　　(　　　　　　　　)

4. [S-] たら

① レポートを書きます、帰ります　　(　　　　　　　　)

② おいしいです、また行きます　　(　　　　　　　　)

③ 1時間休みます、始(はじ)めます　　(　　　　　　　　)

④ 5時までに来ません、あきらめます　　(　　　　　　　　)

⑤ 住所が分かります、書いてください　　(　　　　　　　　)

18 私にも教えてくれませんか

ドイツ語の勉強

田中	カンさん、何読んでいるんですか。あれっ、これ英語じゃありませんね。
カン	ええ、ドイツ語の雑誌ですよ。中村先生からもらったんです。
田中	カンさんはドイツ語もできるんですか。すごいですね。
カン	大学のときにドイツ人の友達がいて、教えてもらったんです。でも、まだ簡単なことしか分かりませんけど。
田中	そうですか、私にも教えてくれませんか。
カン	教えてあげるほど上手じゃないですよ。ちょっと勉強すれば私ぐらいにはできるようになると思います。

英語（えいご）	영어
ドイツ語（ご）	독일어
雑誌（ざっし）	잡지
友達（ともだち）	친구
教（おし）える	가르치다
簡単（かんたん）だ	간단하다
こと	것, 일 (형식명사로 많이 쓰임)
分（わ）かる	이해하다, 알다
上手（じょうず）だ	능숙하다
下手（へた）だ	서툴다

必修表現

1 すごいですね

상대의 행위나 능력, 상황 등에 맞추어서 좋은 의미로 감상이나 칭찬을 표하는 상투적인 말씨. '대단하군요'

이 외에 상대의 행위, 능력, 상황에 따른 감상을 나타내는 표현으로는 다음과 같은 것이 있다.

よかったですね。　참 잘 됐네요.

大変ですね。　힘드시겠어요.

さすがですね。　역시 훌륭하시군요.

한국어 '멋있어요~!'하는 뉘앙스로 「すばらしいですね」라고 말하는 한국인이 많이 있으나, 일본어에서는 이 표현을 상대에게 직접 쓰지 않는다.

2 ～ほど～ない

비교표현이다. '~만큼 ~않다'

釜山よりソウルの方が寒い。　부산보다 서울이 더 춥다.

→　釜山はソウルほど寒くない。　부산은 서울만큼 춥지않다.

「～は～より～ですか」와 같은 비교의문문에 대한 부정표현으로 사용할 수 있다.

A:　釜山はソウルより寒いですか。　부산은 서울보다 춥습니까?

B1:　はい、ソウルより寒いです。　예, 서울보다 춥습니다.

B2:　いいえ、ソウルほど寒くありません。　아뇨, 서울만큼 춥지않아요.

「ほど」앞에 동사(평상체)가 와서, 그 동작을 할 정도의 상황은 아니라는 것을 나타낸다.

冷房(れいぼう)をつけるほど暑くない。　냉방을 할만큼 덥지 않다.

楽(らく)に合格(ごうかく)できるほど簡単ではない。　쉽게 합격할만큼 간단치 않다.

3 ～ぐらい

1. 말할 이가 그다지 어렵지 않다, 또는 레벨이 높지 않다고 여겨지는 것을 예로 들어서, 그 정도의 일이라면 쉽게 할 수 있다는 표현. 가능 표현과 호응하는 경우가 많다. '~정도, 만큼'

私ぐらいにはできます。

나정도는 (누구나) 할 수 있어요.

新聞(しんぶん)ぐらいなら読めますけど。

신문정도라면 읽을 수 있습니다만.

2. 수를 나타내는 말에 붙어서 대체적인 분량을 나타낸다.

3日(みっか)ぐらいで終わります。　3일정도로 끝납니다.

いくつぐらい必要(ひつよう)ですか。　몇개정도 필요합니까?

基本文型

1　あげる／もらう／くれる

[주다 / 받다]

물건을 주고 받거나, 행위가 서로 영향을 미치는 관계를 나타내는 표현이다. 주는 측이 주체가 되는 경우(a)와 받는 측이 주체가 되는 경우(b)가 있으며, 주체가 누구냐에 따라 각각 표현이 달라진다. 한국어와 다른 점도 있으므로 주의해야 하는데, 말할 이 자신이 관계하는 경우와 제 3자 사이에 이루어지는 관계의 표현에 차이가 나타난다는 점이다.

1. 말할 이가 주는 측인 경우

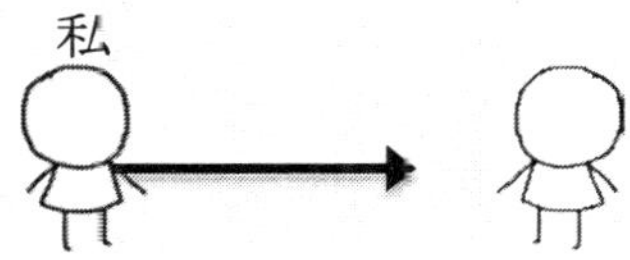

私　→　（プレゼント）　→　高橋さん

a. 私は高橋さんにプレゼントをあげました。

b. 高橋さんは私にプレゼントをもらいました。(×)

이 경우, 받는 측이 주체가 되는 표현(b)은 할 수 없다.

2. 말할 이가 받는 측인 경우

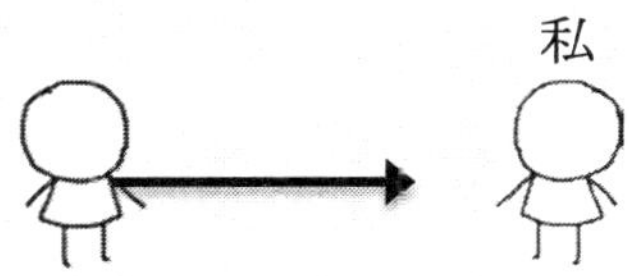

佐藤さん　→　（プレゼント）　→　私

a. 佐藤さんは私にプレゼントをくれました。

일반적으로 주는 측이 주체가 되는 표현은 「あげる」를 쓰지만, 이 경우, 즉 남이 나에게 주는 경우에는 「くれる」가 되는 점에 주의한다.

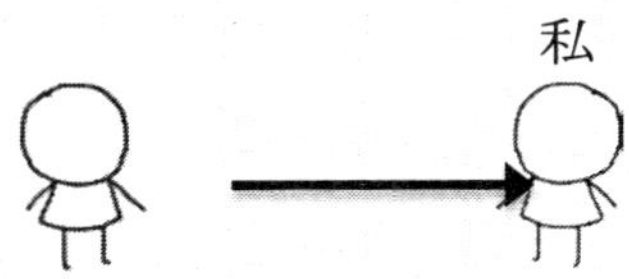

b. 私は佐藤さんにプレゼントを
もらいました。

(참고) 위 그림에서 화살표가 붙은 쪽이 주체이다.

3. 제 3자 사이의 주고 받기

佐藤さん → （プレゼント） → 高橋さん

a. 佐藤さんは高橋さんにプレゼントを
あげました。

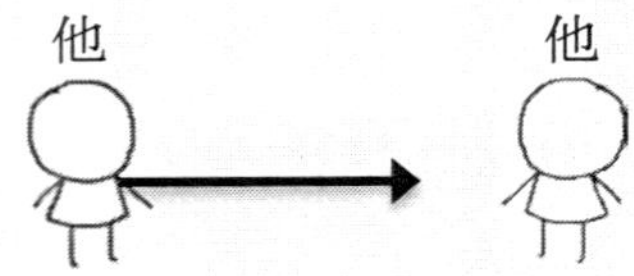

b. 高橋さんは佐藤さんにプレゼントを
もらいました。

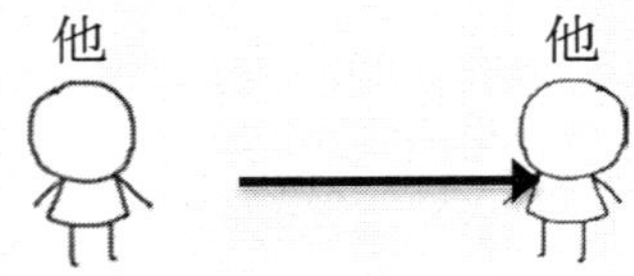

제 3자라 하더라도 들을 이보다 말할 이에 더욱 가까운 인물(화자측 인물)은 말할 이로 간주하여 1이나 2의 패턴으로 표현한다.

물건의 주고 받기가 아닌 행위의 영향관계는 동사의 [て형]에
「あげる ／ もらう ／くれる」를 접속하여 표현한다.

お母さんが子供(こども)に本を読んであげる。 어머니가 어린이에게 책을 읽어주다.

田中さんは先生に推薦状(すいせんじょう)を書いてもらいました。

다나카씨는 선생님께 추천서를 써 받았습니다.

→ 선생님이 다나카씨에게 추천서를 써 주었습니다.

山田さんがお金を貸(か)してくれました。 야마다씨가 돈을 빌려주었습니다.

「あげる」를 한국어 '드리다'에 대응시켜 생각하는 것은 잘못이다. 오히려 한국어 '주다'에 가깝다.
특히 남을 위해 어떤 행위를 해 줄 경우에 「～てあげる／さしあげる」를 사용하여서는 안된다. 이 표현은 내가 남에게 은혜를 베푼다는 뉘앙스가 있으므로 실례가 되다. 예를 들어, 일본인 친구가 한국어로 서류를 작성하는 데 애를 먹고 있다고 하자. 그 친구를 돕겠다고 「私が書いてあげますか」라고 하지 않는다.
그 대신 「私が書きますか」라고 말하는 것이 예의이다.

2 V ようにする／なる

[V 하도록 하다/하게 되다]

1. ～ようにする： 목표를 이룰 수 있도록 노력한다는 표현.

できるだけはやく寝るようにしています。

가능한 한 일찍 자려고 (노력하고) 있습니다.

肉(にく)を食べすぎないようにしています。

고기를 과식하지 않으려고 하고 있습니다.

2. ～ようになる： 변화가 일어나서 이전에는 이룰 수 없었던 것이 이루어짐. 가능표현과 함께 쓰이는 경우가 많다.

日本語が話せるようになりました。

일본어를 할 수 있게 되었습니다.

キムチを食べられるようになりました。

김치를 먹을 수 있게 되었습니다.

17과에서 공부한 「～ことになる」와는 아래에서 보듯이 의미가 다르다.

a. 学校に行くことになりました。

b. 学校に行くようになりました。

a의 경우는, 가령 입학시험에 합격하여 학교에 가는 것이 결정되었다는 의미인 반면, b는 병이나 휴학 등 사정에 의해 학교에 가지 않은 사람이 그 사정이 해결되어 학교에 다니고 있다는 의미이다. 「ことになりました」는 (입학) 결정이 이루어진 것이고, 아직 학교에 다니지 않는 상황이라도 쓸 수 있다. 「ようになりました」는 이미 변화가 일어났으므로 현재 학교에 다니고 있는 상황이다.

「ようになる」에는 지금까지 없었던 습관을 익히는, 지금까지 하지 않았던 것을 습관적으로 되풀이하여 한다는 뉘앙스가 있어서 다음과 같은 표현은 성립하지 않는다.

結婚(けっこん)するようになりました。(×)

이 표현은 몇번이고 결혼을 하는 뉘앙스를 준다. 따라서 올바른 표현은 아래와 같다.

結婚することになりました。(○)

練習

1. あげる／もらう／くれる

例）キムさん　―　（本）　→　佐藤さん
　→　キムさんは佐藤さんに本をあげました。
　　　佐藤さんはキムさんに本をもらいました。

①　田中さん　―　（時計）　→　パクさん
②　チェさん　―　（プレゼント）　→　吉田さん
③　キムさん　―　（ケーキ）　→　私
④　佐藤さん　―　（辞書）　→　私の弟
⑤　私　―　（日本のCD）　→　キムさん
⑥　高橋さん　―　（レポートをチェックする）→　パクさん
⑦　吉田さん　―　（本を貸す）　→　佐藤さん
⑧　山田さん　―　（英語を教える）　→　私
⑨　チェさん　―　（釜山を案内する）　→　私の母
⑩　私　―　（韓国の本を買う）　→　田中さん

2. V- える／られるようになりました

例）漢字を書きます。
　　→　漢字が書けるようになりました。

①　ひらがなを読みます。
②　お酒を飲みます。
③　日本料理を作ります。

④　日本語を話します。

⑤　パクさんは車を運転(うんてん)します。

⑥　チェさんは日本語のワープロを使います。

⑦　キムさんは日本語の歌を歌います。

⑧　佐藤さんは一人(ひとり)でバスに乗ります。

⑨　日本語でものの値段(ねだん)を聞きます。

⑩　毎日、朝早(あさはや)く起(お)きます。

3．[N1]は[N2]ほど[Adj-]ない

> 例）釜山よりソウルの方が大きいです。
>
> 　　→　釜山はソウルほど大きくありません。

①　仙台(せんだい)より東京の方が暑いです。

②　鈴木さんより佐藤さんの方が韓国語が上手(じょうず)です。

③　日本語より英語の方が難(むずか)しいです。

④　キムさんよりパクさんの方が日本について詳(くわ)しいです。

⑤　KTXより飛行機の方が速(はや)いです。

⑥　タイガーズよりジャイアンツの方が強(つよ)いです。

⑦　佐藤さんよりチェさんの方が歌が上手です。

⑧　釜山よりソウルの方が物価(ぶっか)が高いです。

⑨　わさびよりとうがらしの方が辛(から)いです。

⑩　野球(やきゅう)よりサッカーの方が人気(にんき)があります。

4．大変ですね／大変でしたね／よかったですね／さすがですね

例）A:　きのうはレポートで徹夜（てつや）したんです。
　　→　B:　それは大変でしたね。

①　きのう、やっと仕事が終わったんですよ。
②　車に落書き（らくがき）をされてしまったんです。
③　きのうはビールを１０本も飲んだんです。
④　来年（らいねん）から日本に留学（りゅうがく）することになりました。
⑤　レポート、どうにかぎりぎりで間に合いました。
⑥　きのうは2時間しか寝ていないんですよ。
⑦　ずっと探（さが）していた本が見つかったんです。
⑧　あしたから、夜（よる）１０時まで毎日仕事です。
⑨　この料理、全部自分（ぜんぶじぶん）で作ったんです。
⑩　今週中にレポートを３本も書かなければならないんです。

自習問題

1． あげる／もらう／くれる

① 田中さん —（辞書）→ キムさん

（　　　　　　　　　　　）

② パクさん —（薬）→ 鈴木(すずき)さん

（　　　　　　　　　　　）

③ カンさん —（時計）→ 私の弟

（　　　　　　　　　　　）

④ 山田さん —（日本語を教える）→ 私

（　　　　　　　　　　　）

⑤ 私 —（車を貸(か)す）→ キムさん

（　　　　　　　　　　　）

2． V- える／られるようになりました

① ニュースを聞きます。（　　　　　　　　　　　）

② 漢字を読みます。（　　　　　　　　　　　）

③ 車を運転します。（　　　　　　　　　　　）

④ パソコンを使います。（　　　　　　　　　　　）

⑤ 雑誌(ざっし)を借(か)ります。（　　　　　　　　　　　）

3． N1 は N2 ほど Adj- ない

① 福岡より大阪の方が大きいです。（　　　　　　　　　　　）

② 焼(や)き肉(にく)より寿司(すし)の方が好きです。（　　　　　　　　　　　）

③ 地下鉄よりバスの方が高いです。（　　　　　　　　　　　）

④ 私よりパクさんの方が上手です。（　　　　　　　　　　　）

⑤ 韓国より日本の方が物価が高いです。（　　　　　　　　　　　）

19 お飲みになりますか

チューター

カン	先生、コーヒー、お飲みになりますか。
先生	ああ、いただきます。ありがとう。 カンさん、最近はどうですか。日本にはもうなれましたか。
カン	ええ、おかげさまで。最初は大変だったんですけど。
先生	あ、学校の手続きとかいろいろありますからね。
カン	ええ、でもその辺(へん)はチューターの佐藤さんに全部やってもらったんです。なんだか申(もう)し訳(わけ)ないんですけど。
先生	いやあ、それがチューターの仕事ですから。それでお金もらってるんだからどんどん働かせてください。
カン	いえ、十分働いてもらっています。実はこの前、ウチの両親が日本に遊(あそ)びに来たんですけど、その時も案内とかしてもらいましたし。
先生	ご両親がいらっしゃったんですか。よかったですね。

いただく	もらう의 겸양어
なれる	익숙해지다
最初(さいしょ)	처음, 최초
手続(てつづ)き	수속, 절차
チューター	튜터(tutor)
なんだか	왠지
いや(あ)	뭐랄까…음…

どんどん	자꾸, 계속해서
働(はたら)く	일하다
十分(じゅうぶん)	충분히
ウチの	우리~, 제~
両親(りょうしん)	부모님

必修表現

1　おかげさまで

원래는 상대방의 도움을 받았을 때의 인삿말이다. 그러나 이 표현은 상대가 직접 관계 없더라도 나에게 건강 등의 상황을 물었을 때나 나에게 뭔가 좋은 일이 있었던 것에 상대가 관심을 보여 줄 때 관용적으로 쓰이는 인삿말이다. 아래과 같이 상대가 나에게 관심을 보이는 경우 등에 흔히 쓰이는 대답이다. '덕분에'

お元気ですか。	잘 지냈어요?
調子はどうですか。	건강은 어떠세요.
日本の生活には慣れましたか。	일본 생활에는 익숙해졌어요?
試験、合格したそうですね。	시험, 합격했다면서요.

2　その辺は

상대방이 말한 것을 받아서 '지금 얘기하고 있는 것과 관련된 일반적인 말을 하자면' 이라는 뉘앙스를 띠면서 '그러한 것은' 이란 뜻.

A:　予算は大丈夫ですか。	예산은 문제없습니까?
B:　その辺は山田さんの担当なので…	그건 야마다씨 담당이라서…

3　申し訳ない

「すみません」「ごめんなさい」의 공손한 말씨. '미안 / 죄송합니다'

遅れてしまい申し訳ありません。　　늦어서 죄송합니다.

위와 같이 상대방에게 직접 사죄하는 경우에도 쓰이지만, 다음과 같이 제 3자에 대한 사죄의 기분을 들을 이에게 전할 때도 쓰인다.

山田さんには申し訳なかったです。　　야마다씨에게는 미안했었어요.

<u>(付記)</u>「すみません」은 '미안합니다' 혹은 '실례합니다'처럼 사과의 표현으로도 쓰이지만, '여보세요'처럼 남의 주의를 끌면서 말을 건넬 때도 자주 쓰인다.

基本文型

1 尊敬語

상대방이나 또는 대화에 등장하는 제 3 자의 행위를 높여서 하는 말을 존경어라고 한다. 존경표현을 만드는 방법은 2 가지가 있다.

1. 「お／ご～になる」

読む → 読みます → お読みになる

즉, 동사의 「ます형」 앞에「お」, 뒤에「になる」를 붙여서 만든다.

買う → お買いになる　　聞く → お聞きになる

帰る → お帰りになる　　読む → お読みになる

[한자어 + する]동사는 「ご한자어になる」또는 「한자어なさる」로 만든다. 「한자어なさる」가 좀 더 자주 쓰이는 듯 하다.

説明(せつめい)する → ご説明になる ／ 説明なさる

希望(きぼう)する → ご希望になる ／ 希望なさる

그러나 아래에 제시하는 단어는「お～になる」처럼 만들지 않고, 따로 준비된 표현을 쓴다. 이 단어들은 따로 외워야 한다.

いう → おっしゃる　　いる、行く、来る → いらっしゃる

見る → ご覧(らん)になる　　食べる、飲む → めしあがる

する → なさる　　くれる → 下(くだ)さる

この本は鈴木先生がお書きになりました。

이 책은 스즈키선생님께서 쓰셨습니다.

田中部長(ぶちょう)はいらっしゃいますか。

다나카부장님은 계십니까?

(付記)「おっしゃる、いらっしゃる、なさる、下さる」에 ます가 접속하면 각각「おっしゃいます、いらっしゃいます、なさいます、下さいます」로 된다.

2. 「～れる／られる」

모든 동사는 수동표현처럼 활용하여서 존경어로 쓰일 수도 있다.

先生、新聞は読まれましたか。

선생님, 신문은 읽으셨습니까?

中村課長(かちょう)も来(こ)られますか。

나카무라 과장님도 오십니까?

경어 사용법이 한국과 다른 점을 잘 이해하여야 한다. 일본에서는 자기가 속한 집단의 인물은 낮추고 상대가 속한 집단의 인물은 높여서 말해야 한다. 물론 자기 집단 내에서 얘기할 때는 자기보다 윗사람이냐 아니냐에 따라 경어의 사용이 정해지지만, 집단 밖의 사람과 얘기할 때는 언급되고 있는 인물이 자기 집단 내의 윗사람이라도 낮추어서 얘기를 하고, 상대방 측 인물에 대해서는 아랫사람이라도 높여서 얘기한다.

A: お父(とう)さんはいらっしゃいますか。(가족 외의 사람이 전화해 옴)

아버님은 계십니까?

B: いいえ、父(ちち)はおりません／いません。

아뇨, 아버지는 안계십니다.

A: 田中部長もいらっしゃいますか。(회사 외부 사람이 물어 옴)

다나카 부장님도 오십니까?

B: 申し訳ありませんが、田中は参(まい)りません。

죄송합니다만, 다나카는 오지 않습니다.

「おりません」「参りません」은 20과에서 배우게 될 겸양어, 즉 낮추어서 하는 말씨이다. 마찬가지로 호칭에 대해서도 상대측 인물을 「お父さん、田中部長」으로 높여서 말하는 데 반해, 대답하는 사람은 자기측 인물을 낮추어서 「父(ちち)」 또는「田中」라고 이름만 얘기한다. 일본어에서 이름 뒤에 붙는 직위명은 존칭으로 쓰인다.

2 V- せる／させる

사역표현. 남에게 어떤 행위를 시키는 표현이다.

1류동사: 어미「う段」을 「あ段」으로 바꾸어서 「せる」를 붙인다. 단, 「う」로 끝나는 동사는 「わ」로 바꾸어서 접속한다.

買う → 買わせる　　書く → 書かせる

待(ま)つ → 待たせる　　読む → 読ませる

2류동사: 어미「る」를 떼고「させる」를 붙인다.

見る → 見させる　　食べる → 食べさせる

あける → あけさせる　　寝る → 寝させる

3류동사: くる → こさせる　　する → させる

이 형태의 활용형은 모두 2류동사와 같은 활용을 한다.

書かせる → 書かせます、書かせない、書かせて、書かせた......

食べさせる→食べさせます、食べさせない、食べさせて、食べさせた...

동사를 사역표현으로 만드는 방법만 알면 조사의 사용법 등 거의 한국어와 비슷하다.

1) 子供(こども)が遊ぶ → 親(おや)が子供を遊ばせる。 부모가 어린애를 놀게하다.

弟が買(か)い物(もの)に行く → 兄(あに)が弟を買い物に行かせる。

형이 동생을 물건 사러 보냈다.

2) 学生が作文(さくぶん)を書く → 先生が学生に作文を書かせる。

선생님이 학생에게 작문을 쓰게하다.

사역표현은 아랫사람이 윗사람에게는 쓰지 않는다. 이럴 경우에는 「～てもらう」를 이용한다.

学生が先生に推薦書(すいせんしょ)を書かせた。(×)

→ 学生が先生に推薦書を書いてもらった。(○)

練習

1．お／ご〜になる、いらっしゃる

例）読む　→　お読みになる

①　行く
②　食べる
③　書く
④　聞く
⑤　くれる
⑥　飲む
⑦　連絡する
⑧　来る
⑨　帰る
⑩　買う
⑪　推薦する
⑫　話す

2．お／ご〜になる、いらっしゃる

例）中村先生、本、読む
　　→　中村先生が本をお読みになりました。

①　中村先生、旅行、来る
②　吉田(よしだ)先生、音楽、きく
③　キム先生、コンピューター、使う
④　社長(しゃちょう)、映画、見る
⑤　部長、お酒、飲む
⑥　専務(せんむ)、新聞、読む
⑦　松田先生、時計、買う
⑧　鈴木先生、お酒、飲まない
⑨　小林(こばやし)先生、内容(ないよう)、説明する
⑩　橋本先生、手紙、書かない

3. V-れる／られる

例）中村先生、本、読む
　　→ 中村先生が本を読まれました。

① 中村先生、時計、買う
② 吉田先生、レポート、読む
③ キム先生、コピー、使う
④ 社長、お酒、飲む
⑤ 部長、映画、見る
⑥ 専務、昼(ひる)ご飯(はん)、食べる
⑦ 松田先生、旅行、行かない
⑧ 鈴木さん、手紙、書かない
⑨ 小林先生、釜山、来ない
⑩ 橋本先生、車、運転しない

4. V-せる／させる

例）書く　→　書かせる

① 読む
② 食べる
③ 走る
④ 考える
⑤ 来る
⑥ 行く
⑦ 見る
⑧ やめる
⑨ 勉強する
⑩ 言(い)う
⑪ 休む
⑫ 開(あ)ける

5. N1 が N2 に／を V- せる／させる

例）母親(ははおや)、子供(こども)が本を読みます
　　→　母親が子供に本を読ませます。

① 私、弟が日本語を勉強します
② 橋本さん、妹がテープをききます
③ 鈴木さん、犬がえさを食べます
④ 先生、学生がレポートを書きます
⑤ 課長、部下(ぶか)が書類を作ります
⑥ 父、子供が駅(えき)に迎(むか)えにきます
⑦ 先輩(せんぱい)、後輩(こうはい)が買い物に行きます
⑧ 兄、弟がお皿(さら)を洗(あら)います
⑨ 先生、学生が質問(しつもん)に答(こた)えます
⑩ 社長、秘書(ひしょ)がワープロを打(う)ちます

自習問題

1．　お／ご～になる

① 小林先生、クラシック、聞く　（　　　　　　　　　　）

② 吉田先生、コピー、使う　（　　　　　　　　　　）

③ 社長、コーヒー、飲む　（　　　　　　　　　　）

④ 松田先生、やり方（かた）、説明する　（　　　　　　　　　　）

⑤ 専務、お酒、飲まない　（　　　　　　　　　　）

2．　[V-]れる／られる

① 小林先生、会議（かいぎ）、行く　（　　　　　　　　　　）

② 中村先生、釜山、来る　（　　　　　　　　　　）

③ キム先生、車、買う　（　　　　　　　　　　）

④ 社長、旅行、行かない　（　　　　　　　　　　）

⑤ 部長、車、運転しない　（　　　　　　　　　　）

3．　[N1]が[N2]に／を[V-]せる／させる

① 私、弟が買い物に行きます　（　　　　　　　　　　）

② 橋本さん、妹が勉強します　（　　　　　　　　　　）

③ 鈴木さん、子供が公園で遊びます　（　　　　　　　　　　）

④ 先生、学生がスピーチをします　（　　　　　　　　　　）

⑤ 課長、奥（おく）さんが料理を作ります　（　　　　　　　　　　）

20 私がさせられるに決まってます

韓国旅行

カン	橋本さん、今度韓国に旅行に行くそうですね。
橋本	ええ、それで困っているんです。
カン	どうしてですか。橋本さんは韓国語もしゃべれるし、別に困らないと思いますけど。
橋本	いや、ウチの両親が一緒に行きたいって言い出して。
カン	へえ、ご両親も行かれるんですか。いいじゃないですか。
橋本	ウチの両親は韓国語もできないし、韓国のこと何も知らないんです。何でも私がやらされるに決(き)まってますよ。
カン	それは大変ですね。 私が韓国にいればお手伝いしますけど。
橋本	ありがとうございます。せっかくの旅行なのにホテルの予約とか、おいしい店を調べたりとか、あれこれさせられたんじゃ、旅行どころじゃないですよ。

困(こま)る	난처/곤란하다
しゃべる	말하다
言(い)い出(だ)す	말을 꺼내다
手伝(てつだ)う	돕다, 거들다
せっかく	모처럼
あれこれ	이것 저것

～たんじゃ、～

~해서는 ~ (가정의 사실을 예상해서, 만일 그렇게 된다면 나중에 바람직하지 않은 결과가 올 수 있는 경우에 자주 쓰인다)

必修表現

1　どうして

이유를 묻는 표현이다. 문 끝에 「んですか」가 올 경우가 많다. 비슷한 표현으로 「なぜ」「なんで」가 있다. '어째서, 왜'

どうしてこんなに高いんですか。　　어째서 이렇게 비쌉니까?

どうして来なかったんですか。　　왜 안왔었지요?

무슨 이유를 묻고 있는지 분명한 경우에는 그 부분을 생략하여 「どうしてですか」처럼 말한다.

관용적인 표현으로 「どうしていますか」가 있다. 이것은 제 3 자의 안부나 상황을 묻는 표현이다.

山田さんはどうしていますか。　　야마자키씨는 오떻게 지내는가요?

2　～のこと

어떤 인물이나 사물을 일반적 종합적으로 나타내는 표현.

田中さんのことはよく知っています。

다나카씨(에 관한 것)는 잘 압니다.

就職(しゅうしょく)のことで相談(そうだん)したいんですが。

취직에 관한 것으로 의논하고 싶습니다만.

위의 예는 다나카씨에 관한 일반적인 정보(친구여서 그의 성격, 취미, 가족관계 등)를 표현하는 경우이다. 또 취업 그 자체에 관한 의논이지만, 표현을 간접적으로 말함으로써 공손한 표현이 되기도 한다.

그러나 아래의 예는 어떤 특수한 상황(예컨데, 교통사고를 당했다 등) 하에서 일어난 일(야마다씨가 사고를 당했다는 것)을 나타낸다.

山田さんのことはきのう聞きました。

야마다씨 얘기는 어제 들었습니다.

3 ～に決まっている

단정은 할 수 없지만 거의 확실하게 어떠할 것이라는, 꽤 확신성이 높은 추측의 표현이다. '틀림없이(당연히) ~할 것이다'

この料理は僕(ぼく)が作ったんだからおいしいに決まってる。

이 요리는 내가 만들었으니까 맛있는 게 당연하지!

そんな格好(かっこう)をしていたら笑(わら)われるに決まっているよ。

그런 차림새 하면 틀림없이 웃음거리 될거야.

비슷한 표현으로 「～に違(ちが)いない」가 있다.

4 ～どころじゃない

어떤 이유로 인해 도저히 무언가를 할 만한 여유가 없다는 표현이다.

仕事が忙(いそが)しくて、旅行どころじゃない。

일이 바빠서 여행은 꿈도 못꾼다.

天気(てんき)が悪くて、海水浴(かいすいよく)どころじゃない。

날씨가 나빠서 해수욕 할 처지가 아니다.

상대가 말한 것을 받아서 말할 때는 「それどころじゃない」라는 표현을 쓴다.

A: お酒でも飲みに行きませんか。 술이라도 하러 갈까요?

B: 仕事でミスをしてしまって、それどころじゃないんです。

일 하다가 실수를 해서, 그럴 정신이 없어요.

基本文型

1 謙譲語

자신의 행동을 낮추어서 말하는 것을 겸양어라고 한다. 겸양표현을 만드는 방법은 2가지가 있다.

1. 「お～する」

読む → 読みます → お読みする

즉, 동사의 「ます형」앞에「お」, 뒤에「する」를 붙여서 만든다.

持つ → お持ちする　　渡す → お渡しする

会う → お会いする　　招く → お招きする

[한자어 + する]동사는 앞에 「ご」를 붙이기만 하면 된다.

「ご한자어する」형태가 된다.

説明する → ご説明する　　連絡する → ご連絡する

그러나 아래에 제시하는 단어는「お～する」처럼 만들지 않고, 따로 준비된 표현을 쓴다. 이 단어들은 따로 외워야 한다.

いる → おる　　行く、来る → 参る

見る → 拝見する　　食べる、飲む → いただく

する → いたす　　もらう → いただく

あげる → さしあげる　　きく → 伺う

いう → もうす　　訪ねる → 伺う

先生、荷物をお持ちします。　선생님, 짐을 (제가) 들겠습니다.

お名前はうかがっております。　성함은 (이미) 들었습니다.

「お／ご～する」를 「お／ご～いたす」로 하면 더욱 공손해 진다.

私がご説明いたします。　제가 설명드리겠습니다.

2. 「～させていただく」

사역표현에 「いただく」를 붙이면 아주 겸손한 표현이 된다.

いい話を聞かせていただきました。　　좋은 말씀을 잘 들었습니다.
その点(てん)についてはもう一度検討(けんとう)させていただきたいのですが。
그 점에 대해서는 한번 더 검토를 하고자 합니다만.

「お／ご～する」는 '상대방에게 플러스가 되는 것을 상대를 위해 한다'는 뉘앙스가 있다. 따라서 「先生の本を読む」와 같이 상대에게 플러스가 되는 게 없는 경우에는「先生の本をお読みしました(×)」처럼 표현하지 않고, 「先生の本を読ませていただきました」처럼 표현한다.

일반적으로 다음과 같이 존경어로 물으면 겸양어로 대답하는 경우가 많다.

A: ご覧(らん)になりますか。　　보시겠습니까?
B: ええ、拝見します。　　네, 보겠습니다.

A: この本はお読みになりましたか。　이 책은 읽으셨습니까?
B: ええ、読ませていただきました。　네 읽었습니다.

2 V-せられる／させられる

사역표현에 수동표현이 합쳐진 형태이다.
사역표현의 「せる」를 「せられる」로 바꾼다.

行く → 行かせる → 行かせられる
買う → 買わせる → 買わせられる
食べる → 食べさせる → 食べさせられる
来(く)る → 来(こ)させる → 来(こ)させられる
する → させる → させられる

이 표현은 모두 2류동사와 같은 활용을 한다.

書かせられる → 書かせられます、書かせられない、
書かせられて、書かせられた……

読ませられる → 読ませられます、読ませられない、
読ませられて、読ませられた……

보통 쓰이는 문과 마찬가지로 주체가 어떤 동작을 했다는 의미이지만, 주체가 자신의 의지로 동작을 한 것이 아니라 타인에 의해 강요되어서 하는 수 없이 그렇게 했다는 의미이다.

田中さんは東京に行った。　다나카씨는 도쿄에 갔다.

→ 田中さんは部長に東京に行かせられた。

다나카씨는 (부장의 지시로) 도쿄에 갔다.

母に嫌(きら)いなものを無理(むり)やり食べさせられた。

(엄마가 먹으라고 해서) 싫은 것을 억지로 먹었다.

강요한 인물은 조사 「に」를 쓰지만, 문에 나타나지 않는 경우도 많다.

たくさんお酒を飲ませられて、吐(は)いてしまった。

(강제적으로) 술을 마셔서 토했다.

夜中(よなか)まで仕事させられて、体(からだ)をこわしてしまった。

한 밤중까지 일을 (시켜서) 해서 병이 났다.

練習

1．お／ご〜する

例）持つ　→　お持ちする

①　行く
②　説明する
③　書く
④　聞く
⑤　もらう
⑥　送る(おく)
⑦　連絡する
⑧　来る
⑨　あげる
⑩　見る
⑪　推薦する
⑫　話す

2．お／ご〜する

例）先生の荷物を持つ
　　→　先生の荷物をお持ちしました。

①　先生のお茶(ちゃ)を入れる
②　先生に使(つか)い方(かた)を説明する
③　先生を家まで送る
④　先生の研究室に行く
⑤　先生に連絡する
⑥　部長に手紙を出す
⑦　先生の写真を見る
⑧　先生に推薦書を書いてもらう
⑨　課長に時計をあげる
⑩　先生の話を聞く

3． V- させていただく

例）読む　→　読ませていただく

① 買う
② 聞く
③ 見る
④ 説明する
⑤ 連絡する
⑥ 来る
⑦ やめる
⑧ 食べる
⑨ 飲む
⑩ 話す
⑪ 使う
⑫ 考える

4． V- させていただく

例）先生の本を読む
　　→　先生の本を読ませていただきました。

① 先生の写真を見る
② 先生の写真をとる
③ 社長にレポートを出す
④ 先生に意見(いけん)を言う
⑤ 先生のプリンタを使う
⑥ 先生に相談する
⑦ 課長の CD を聴(き)く
⑧ 社長のたばこを吸う
⑨ 先生のパソコンでプレゼンを作る
⑩ 先生の意見について考える

5. V- せられる／させられる

例）読む → 読ませられる

① 書く	⑤ 来る	⑨ 勉強する
② 食べる	⑥ 行く	⑩ 言う
③ 走る	⑦ 見る	⑪ 休む
④ 考える	⑧ やめる	⑫ 開(あ)ける

6. N1 が N2 に V- せられる／させられる

例）母親(ははおや)、私が買い物に行きます
→ 私は母親に買い物に行かせられました。

① 先生、田中さんがレポートを書きます
② 山田さん、鈴木さんが部屋を掃除します
③ 友だち、キムさんがお酒を飲みます
④ 田中さん、鈴木さんが料理を作ります
⑤ 先輩、後輩が１０キロメータ走ります
⑥ 小林さん、中村さんが車を運転する
⑦ アンさん、松田さんがカラオケで演歌(えんか)を歌います
⑧ 医者、チェさんが薬を飲みます
⑨ パクさん、キムさんが重い荷物を運(はこ)びます
⑩ 課長、高橋さんがお茶を入れます

自習問題

1. お／ご～にする

① 先生を学校まで送る（　　　　）

② 先生に日程（にってい）を教える（　　　　）

③ 社長に電話で伝（つた）える（　　　　）

④ 先生の荷物を持つ（　　　　）

⑤ 先生にお茶を入れる（　　　　）

2. V- させていただく

① 先生に意見（いけん）を言う（　　　　）

② 社長の車を使う（　　　　）

③ 部長の部屋で休む（　　　　）

④ 課長と相談する（　　　　）

⑤ 先生の写真をとる（　　　　）

3. N1 が N2 に V- せられる／させられる

① 先生、学生がテストを受（う）けます（　　　　）

② 先輩、山田さんが買い物に行きます（　　　　）

③ 課長、鈴木さんが書類を作ります（　　　　）

④ 部長、吉田さんがお酒を飲みます（　　　　）

⑤ お兄（にい）さん、松田さんが車を運転する（　　　　）

釜慶 にほんご

초판 1쇄 발행 / 2011년 2월 25일
초판 10쇄 발행 / 2025년 3월 14일

공저 장상언 · 손동주
발행처 형설출판사
경기도 파주시 회동길 37-23 · 전화 (031) 955-2361~4 · 팩시밀리 (031) 955-2341
발행인 장진혁
등록 라-제9호 · 1962년 5월 1일
홈페이지 http://www.hyungseul.co.kr
e-mail hs@hyungseul.co.kr

정가 13,000원

ISBN 978-89-472-4741-2 93730